일본으로 향하는 모든 이들에게)
이유가 무엇이든, 목적이 무엇이든 일본에 거처 잡고
오래 머물러야 하는 모든 이에게 하고 싶은 당부는
두 가지다. 첫째. 쫄지 마라. 어떤 경우에도
쫄지 않는 것이 중요하다. 부정적인 것들은
마음속에서 모조리 지우고 모든 일에 당당하게 해음
했으면 한다. 일본어를 못하는 것도 당연한 거니까.
못하는 것이 당연한데. 당연한 일에 주눅 들면
아니겠도 할 수 없다. 더욱 더 당당해져라.
둘째. 친해지고 싶은 사람에게는 섣불리 다가가지 마라.
내 속마음을 너무 성급하게 보여주지도. 상대의
속마음을 빠르게 원하지도 마라. 너무 빠른 관계에
벽을 치는 일본인이 많다. 파낼 스페이스를 두어 항상은
시간을 두고 천천히 앉아가기를 바란다.
사실 나는 처음에 엄청 많이 울어봤다. '점둔맨' 이라고
놀려도 할 말 없을 정도로 하라라도 모르는 것이 있거나
모르는 말이 나오면 꼬치꼬치 캐물었다. 그렇게 하나하나
물어 봐도 싫어하는 사람도 없다. 다른정을 느끼는 데서
부터 소통이 시작된다. 그러니 부디 용기를 내길. 바란다
- 마초다 아키히로 -   松田 明珍

마츠다 리스트

초판 1쇄 발행 · 2024년 4월 15일
초판 2쇄 발행 · 2024년 4월 23일

지은이 · 마츠다 아키히로

발행인 · 우현진
발행처 · 주식회사 용감한 까치
출판사 등록일 · 2017년 4월 25일
팩스 · 02)6008-8266
홈페이지 · www.bravekkachi.co.kr
이메일 · aoqnf@naver.com

기획 및 책임편집 · 우혜진
제작 협력 · 544팀(나승철, 최현주, 김지원, 이담비, 배유나, 서동호)
오사사를 만드는 사람들 일러스트 · YORIKO INOUE(@kappatokero)
마케팅 · 리자
디자인 · 죠스
교정교열 · 이정현
CTP 출력 및 인쇄 · 제본 · 상지사

ISBN 979-11-91994-27-8(03910)

감성의 키움, 감정의 돌봄 용감한 까치 출판사

용감한 까치는 콘텐츠의 樂을 지향하며 일상 속 판타지를 응원합니다. 사람의 감성을 키우고 마음을 돌봐주는 다양한 즐거움과 재미를 위한 콘텐츠를 연구합니다. 우리의 오늘이 답답하지 않기를 기대하며 뻥 뚫리는 즐거움이 가득한 공감 콘텐츠를 만들어갑니다. 아날로그와 디지털의 기발한 콘텐츠 커넥션을 추구하며 활자에 기대 위안을 얻을 수 있기를 바랍니다. 나를 가장 잘 아는 콘텐츠, 까치의 반가운 소식을 만나보세요!

오사카에 사는 사람들

마츠다 리스트

마츠다 아키히로 지음

오사카의 은빛 밤을 걷는
마츠다 아키히로

　나에게 아버지는 큰 산 같은 존재였다. 누구나 그렇겠지만, 나에게는 조금 다른 의미의 산이었다. 어렸을 때는 내가 넘어야 할 산 같았고, 사회에 처음으로 발을 디뎠을 때는 유일하게 의지되는 버팀목 같은 산이었으며, 돌아가신 지금은 뒤돌면 여전히 바라봐주고 계실 것 같은 그리운 산이다.

　아버지는 주한 일본 대사관에 계셨다. 한국 여자를 만나 가정을 이루면서 나름의 방식으로 한국을 사랑하셨다. 언제나 걱정을 하셨고 그 걱정이 고조될 때면 쓴소리도 마다하지 않으셨다. 내가 아주 어렸을 적 격동의 한국일 때였다. 그때는 한국인도 뉴스를 보며 저마다 한마디씩 할 때였으니 아버지가 그러는 것이 이해 못할 것도 아니었는데, 이상하게도 나는 그게 싫었다. 저녁 식사 자리에서 뉴스를 보며 한마디씩 하시는 아버지에게 늘 맞서고 대들기 일쑤였다. 반은 한국인, 반은 일본인. 한국에 대해 마땅한 소리를 하시는 것도 그냥 일본인이 우리나라에 대해 안 좋게 이야기하는 것으로만 들렸다. 아버지한테 대들며 반박하면서도 혼란을 느꼈다. 아버지가 한국을 사랑하지 않으시는구나 생각했고, 그 사실이 가슴을 너무 아프게 했다. 애정의 단면만 알던 때였으니까. 한참 후에야 알았다. 사랑하는 방식은 다양하다는 걸. 아버지는 한국을 가슴 깊이 사랑하셨던 것이다.

어렸을 때는 그렇게 아버지와 부딪혔는데, 크고 나서는 아버지의 말씀 한마디 한마디가 큰 도움이 되었다. 인생 선배로서, 존경하는 분으로서 아버지의 뒷모습에서 조금씩 배우며 사회에 나갔다. 그토록 싫었던 아버지의 말씀은 생각을 넓히는 계기가 되어주었고, 하나하나 틈틈이 알려주셨던 일본에 대한 지식은 지금 내가 이곳에 터를 잡고 사는 데 양분이 되었다. 말하자면 아버지는 내 낯선 일본 생활에서 '못' 같은 존재였다. 마츠다 아키히로라는 액자가 떨어져 깨지지 않고 벽에 단단히 고정될 수 있도록 온몸으로 지탱해주시는 존재였다. 나와는 떨어져 어머니와 함께 한국에 계셨지만, 지금까지 내 안에 차곡차곡 쌓아주신 그 모든 것이 이곳에 발을 딛고 서 있게 해주는 힘이 되었다.

진로를 고민하던 대학생 시절, 너는 꼭 하고 싶은 것 다 해보고 살라 하셨던 아버지의 말씀이 아직도 눈을 감으면 귀에 생생하게 들려온다. 공관 생활을 하며 열심히 일하셨던 아버지의 뜻밖의 말씀에 놀라기도 했지만, 그 말씀은 곧 내 인생의 방향이 되었다. 너무나 감사하게도 나는 지금 그 꿈을 이루었다. 하고 싶고 해보고 싶은 것은 모두 다 해보았고, 어제까지는 생각지도 못한 놀라운 일들을 오늘 경험하며 살고 있다. 그때 아버지의 말씀에 신비한 힘이라도 깃들어 있던 걸까. 그 말이 시발점이 되어 나의 오늘이 이어졌다. 지금 이렇게 꿈을 이루며 사는 것도, 이렇게 책을 내 한국 서점에 작가로 등록되는 것도 모두 아버지 덕분이라고 꼭 말씀드리고 싶다. 내게 아버지는 아직도 큰 산이다. 가슴 속 바람을 막아주는 큰 산.

안녕하세요.
마츠다 아키히로,
전명호입니다.

초·중·고등학교를 모두 한국에서 나왔고 일본으로 건너와 지금은 오사카에 있습니다. 참고로 군대는 만기 전역했습니다(원래 해병대 로망을 가지고 있었는데, 아쉽게도 떨어졌습니다). 가장 좋아하는 술은 일본의 '이모 소주', 한국어로 고구마 소주입니다. 너무 맛있어서 안주 없이도 먹죠. 한국의 소주도 좋아합니다. 요즘은 막걸리와 안동 소주가 너무 좋더라고요. 그냥 소주도 잘 마시는데, 뭐랄까, 분위기를 마신달까. 쉽게 말해 일본 술은 맛으로 마시고, 한국 술은 분위기를 마시곤 합니다(비 오는 날엔 찌개에 소주, 못 참죠). 운이 좋게도 일본의 버블 경제가 끝나기 직전에 사회생활을 하게 되어, 맛있는 요리를 많이 먹으러 다닐 수 있었습니다. 그때마다 모르는 요리나 처음 보는 식재료가 있으면 이것저것 꼬치꼬치 묻곤 했는데(원래 제 습관 중 하나가 '궁금한 건 꼭 물어보기'입니다. 아주 좋은 습관이라고 생각합니다.) 그렇게 야금야금 듣던 것들이 어느샌가 가득해져 저도 모르는 사이에 '미식 박사'가 돼 있더라고요. 옛날에 들었던 것들은 조금 까먹어도 괜찮은데, 이상하게 음식만 먹으면 관련된 얘기가 술술 나오니 저도 신기합니다. 아, 참고로 한일 통틀어 '최애' 프로그램은 〈나는 자연인이다〉입니다. 언젠가 훌훌 털고 자연인으로 사는 게 최종적인 꿈입니다.

오사카에 사는 사람들

오사카, 나의 도시

한국에서 제대한 후 1994년 12월에 나라(奈良)로 건너왔다. 전역하자마자 거의 바로였다. 오사카와 그리 멀지 않은 나라를 첫 일본 거주지로 결정한 건 아버지 친구분이 살고 계셔서였다. 일본어는 할 줄 알았지만 20년 넘게 한국에서만 지내왔기 때문에 처음부터 아무도 없는 곳에서 혼자 시작하기에는 현실적으로 무리였다. 부모님도 가족과 멀리 떨어져 혼자 지내야 할 아들이 걱정되셨을 것이다. 그런 이유로 내 첫 일본 거주지는 나라가 되었다. 아버지 친구분은 아버지와 거의 의형제 같은 분이셨다. 자주 보지는 못했지만 어릴 때부터 서로 알던 사이였기에 그 속에 자연스레 섞이는 것은 그리 어려운 일이 아니었다. 그러다 1998년부터 오사카에서 살기 시작했다.

오사카 사람들은 굉장히 밝다. 한국에도 '서울 깍쟁이'라는 말이 있듯 도쿄와 비교했을 때 오사카 사람들이 정도 더 많고 밝은 편이다. 한국인과 비슷한 부분이 많은데, 좋은 의미로 오지랖이 넓다. 누군가 곤혹을 치르고 있으면 잘 지나치질 못한다. 아주 간단한 예로, 지나가던 사람이 길을 물어보면 도쿄 사람들은 친절하게 매뉴얼대로 설명해준다. 반면 오사카 사람들은 손짓 발짓 다 해가면서 열정적으로 알려준다. 그마저도 안 되겠다 싶으면 아예 데려다준다. 이런 느낌이다. 일상에서도 활기가 느껴지는 도시가 바로 오사카다. 술 한잔할 때도 옆 테이블과 쉽게 말을 트고 얘기 나누며 마실 수 있다.

이처럼 정 많고 활기찬 부분이 한국과 똑 닮았다. 그래서 나는 종종 오사카에서 자리 잡을 수 있어 운이 좋았다고 말하곤 한다. 물론 건너온 지 얼마 되지 않았을 때는 향수병을 조금 앓기도 했지만 일본에서 혼자 무사히 적응하고 잘 지낼 수 있었던 건 여기가 오사카였기 때문일 것이다. 억양이 완벽하지 않았던 나를, 아무리 오래 살아도 간사이벤(関西弁, 간사이 사투리)을 완벽하게 구사하지 못하는 나를 오사카는 기꺼이 가족으로 품어주었다.

이렇게 큰 어려움 없이 적응할 수 있었던 데는 함께 지냈던 아버지 친구분 가족의 영향이 컸다. 초·중·고등학교를 모두 한국에서 나와 정서적으로는 한국에 더 치우쳐 있었고, 이곳 사람들과 교감할 수 있는 공감대, 이를테면 어렸을 때 본 만화부터 즐겨 한 놀이까지 모든 것이 결여돼 있었다. 그런 내가 일본에서 함께 섞여 잘 살 수 있도록 정말 많이 도와주셨다. 특히 가장 고마운 사람은 우에다 마코토(植田誠)다. 아버지 친구분의 차남으로 나랑은 나이 차가 조금 나지만 격의 없는 형과 아우로 지냈다. 부족했던 일본 억양도 마코토 형의 말을 그대로 따라 하며 많이 고칠 수 있었다. 잘 몰랐던 일본의 문화라든지 가정 문화도 이때 많이 습득했다. 일본에서 술을 마실 때는 어떤 예절을 따라야 하는지, 사회생활을 할 때는 어떤 방식으로 접근해야 하는지 근본적인 방법 중 대부분을 형에게 배웠다고 해도 과언이 아니다. 심지어 대학에 다니던 시절, 심각한 교통사고가 났을 때도 구급차보다 먼저 달려오고, 소변이든 뭐든 하나하나 다 받아주며 간병까지 해준 고마운 형이다. 나의 은인인 셈이다. 지금도 아무리 바빠도 주기적으로 꼭 만날 만큼 여전히 그때의 고마움을 간직하고 있다. 아마 평생을 가도 다 갚을 방법이 없을 것이다.

대학 다니면서 사귄 일본 친구들도 많은 도움을 줬다. 사실 이렇게 집 밖에서 만나는 친구들은 서로 남남이 만나 마음을 나누고 가까워지는 관계이기 때문에 초반에는 걱정과 의심이 많았다. 친하게 지내기는 하지만, 아무래도 반은 한국인인 나에게 조금은 다른 생각을 가지고 있지는 않을까 걱정했다. 한국에서 제대로 된 역사 교육을 받아온 나로서는 당연한 걱정이었다. 모든 역사적인 것을 차치하고서라도 어쨌든 이들도 나를 곱게 보지만은 않겠지 하는 생각이 있었다. 그러다 한번은 용기내서 "한국 사람에 대해 어떻게 생각하냐?"라고 친한 친구들에게 물어본 적이 있다. 그때 돌아온 대답은 스스로가 너무 부끄러워질 정도로 심하게 심플했다.

"한국 사람? 미국 사람은 머리가 노란 외국 사람이고, 한국 사람은 우리와 비슷하게 생긴 외국 사람 아닌가?"

너무도 당연하면서도 의외의 대답이었다. 허무했다. 친구들은 나를 그저 한국인이기도 하고 일본인이기도 한, 평범한 '절친'으로 생각하고 있었던 것이다. 이런 식이다. 내가 만난 사람들은 대부분 한국인이든 일본인이든 전혀 신경 쓰지 않았다. 게다가 한국 사람들의 일본어 표현을 좋아하기까지 한다. 한국어를 일본어로 직역한 표현이 일본에 없는, 매우 시적인 표현이라나? 어쨌든 그렇게 나는 무사히 일본에 닻을 내렸고 오사카에서 꿈을 키울 수 있었다.

별이 진 밤을 걷는
오사카의 직장인들

기본적으로 한국이나 일본이나 직장인의 하루는 비슷하다. 꼰대 문화도 있고 야근(일본어로는 잔교(殘業)라고 한다. 요즘 사회적으로 야근을 줄이려고 하는 분위기이긴 하다.)도 많다. 다만 조금 다른 점을 꼽자면, 일본 직장인은 업무량만 많을 뿐 상사의 눈치는 별로 보지 않는다는 것이다. 물론 사람과 회사마다 다르겠지만, 할 일을 다 끝내면 과장이나 부장이 퇴근을 하지 않아도 쿨하게 '칼퇴'하는 것이 일본 직장인이다.

직장인은 아니지만 대학생 때 알바하면서 비슷한 경험을 한 적이 있다. 학교 공지 게시판에 붙고는 했던 고수당 알바인 '미에현 포도밭 비닐하우스 치기' 알바를 겨울마다 2주씩 했다. 2주 정도 바짝 벌어 한 달 정도 스키장에서 노는 '청춘스러운' 패턴이었다. 그때는 한국 정서가 많이 남아 있을 때였다. 한번은 현장을 돌면서 감독하는 관리인이 잠시 다른 현장에 나가 있었는데, 공교롭게도 우리가 맡았던 일을 다 하고 잠깐 쉬려고 할 때 관리인이 돌아왔다. 한국이었으면 아무리 맡은 일을 다 했다 하더라도 굳이 관리인이 왔을 때 쉬러 나가지 않았을 것이다. 어차피 관리인이 곧 다시 나갈 테니 일하는 모습을 보이다 그가 나가면 쉬러 가는 것이 당연한 것이라 생각했을 것이다. 그런데 일본 친구들은 관리인의 표정이 좋지 않든 말든 아무렇지 않게 쉬러 나가는 것이 아닌가. 지금까지 놀던 것 아니냐는 의심을 받든 말든, 할 일 제대로 했으니 상관없다는 식이었다. 일본의 직장 문화가 바로 이런 식이다.

또 한 가지 다른 점을 꼽자면, 지극히 개인주의적인 모습을 보인다는 것이다. 단체 행동을 매우 중시하지만 동시에 개인주의적인 자아가 강하다. 오늘 전체 회식이라고 아무리 못을 박아도 안 갈 사람은 안 간다. 일본 회사 문화는 굉장히 수직적이지만 개인을 중시한다(물론 영업직의 사정은 다르다). 코로나가 발발하기 전 재미있는 앙케트를 한 적이 있다. '퇴근 후 동료나 친구와 저녁 식사 혹은 술자리를 일주일에 한 번 이상 갖는가?'란 설문이었다. 결과는 매우 충격적이었다. 20~50대 사회인을 대상으로 한 앙케트였는데, '예'라고 대답한 사람이 고작 5%밖에 되지 않았다. 100명 중 5명 수준인 것이다. 나머지 95%는 혼자만 즐긴다는 뜻이다. 일본에 서서 마시는 '타치노미야'가 발달한 것도 같은 맥락이다. 거의 모든 가게에 혼술을 위한 카운터석이 갖춰져 있다. 이런 점만 봐도 일본의 개인주의를 잘 알 수 있다.

그렇다 해도 일본 직장인들 또한 스트레스를 많이 받는다. 그럼 일본 직장인들은 어디에 가서 어떻게 스트레스를 풀까? 술을 마시며 노래를 부르는 것까지는 한국인과 같지만, 그 모습이 조금 다르다. 앞에서 말한 대로 여럿이 부어라 마셔라 하는 스타일이 아니다. 상황에 따라 다르겠지만, 혼자서 또는 한둘이서 나마비루 간단히 한두 잔 하는 것이 다. 노래도, 카라오케에 가는 사람도 있겠지만, 그것보다는 동네마다 있는 스낵바(스낫쿠, スナック)에 들러 간단히 한잔하면서 노래 한 곡 부르고 집으로 가는 것이 대부분이다. 스낵바는 카운터석만 놓인 작은 동네 이자카야인데, 할머니가 주인인 경우가 많다. 아주 작은 이자카야로, 혼자 가더라도 언제나 아는 손님이 있어 심심하지 않다. 한잔하고 집에 가는 길에 술이 조금 부족하다 싶을 때 들러 마무리하고 가기 딱 좋다. 술을 못 마시는 사람은 콜라를 마시면서 노

래를 부른다. 여행자들이 접근하기 어려운 분위기겠지만, 일본의 진짜 모습을 보기에는 더할 나위 없이 좋다.

thanks to

이 책을 통해 저의 50대 초반, 인생이란 여정에서 만난 오사카의 숨은 보석 같은 곳들을, 그리고 뜨겁게 살아 있는 저의 기억들을 여러분과 나눌 수 있다는 것에 진심으로 기쁘고 감사합니다.

저에게 '용감한 까치'와 함께 책을 편집하고 디자인하는 과정은 새로운 도전이자 발견이었습니다. 더 많은 이들에게 우리의 이야기를 전할 수 있게끔 기회를 준 편집자님, 디자이너님, 그리고 출판사의 모든 분들께 깊은 감사를 드립니다.

첫 페이지를 쓰기 시작해 마지막 페이지를 끝낼 때까지 가족과 친구들이 곁에서 큰 버팀목이 되어주었습니다. '정말 이렇게 써도 될까?' 싶어 망설이는 순간마다 저를 가장 잘 아는 그들의 믿음과 응원으로 무사히 책을 마무리할 수 있었습니다. 그리고 무엇보다 '오사카에사는사람들TV'를 함께 만들어가는 우리 544팀에게 진심을 담아 감사의 마음을 전합니다. 덕분에 우리의 이야기를 함께 쓰며 삶의 아름다운 순간을 공유할 수 있었습니다.

이 책을 읽는 독자께도 깊은 감사의 말씀을 드립니다. 이 책으로 말미암아 여러분의 여행이 한층 더 풍요로워지기를, 나아가 오사카의 맛과 멋, 그리고 그 속에 담긴 수많은 이야기를 기꺼이 경험하시길 바랍니다. 미식의 발자취를 따라 오사카 골목

골목을 누비며 경험하는 흥분과 감동이 여러분의 일상에 작은 기쁨과 위안이 되기를 소망합니다.

끝으로, 이 책이 여러분에게 오사카에 대한 사랑과 저희 이야기에 대한 이해를 더해주는 작은 선물이 되기를 진심으로 바랍니다.

일러두기

¶ 책의 모든 내용은 작가의 경험과 주관적인 생각을 바탕으로 한 것으로, 개인의 경험이나 생각과 다를 수 있습니다.

¶ 각 점포에 대한 설명 및 정보는 2024년 3월을 기준으로 한 내용으로, 현지와 점포의 사정에 따라 달라질 수 있습니다.

¶ 에세이에 함께 구성된 대화는 유튜브 '오사카에 사는 사람들 TV' 채널의 해당 점포 관련 영상에 나온 대화를 재구성한 것입니다. 현지인과의 일본어 대화는 한국어로 번역해 구성했습니다.

¶ 주요 메뉴는 해당 점포에서 작가가 추천하는 메뉴를 표시한 것으로, 실제 인기 메뉴와 다를 수 있으며 점포의 실제 메뉴판에 표기된 대로 표기했습니다.

¶ 매 에세이에 구성된 일본어 표현은 '인포 인덱스(Info

Index)'에서 뜻을 확인하실 수 있습니다.

¶ 대중적으로 많이 알고 있는 일본어는 표기를 생략했으며, 그렇지 않아 따로 일본어 표기가 필요한 것은 원어를 병기했습니다.

¶ 책에서 일본어 표현을 사용해야 하는 경우, 주로 한국어에 해당하는 표현을 사용했습니다.

¶ 원칙적으로 일본어의 장음은 표기하지 않았습니다. 다만, 고유명사 등 장음으로 표기하는 것이 일반적인 것에 한해서만 일부 장음을 표기했습니다.

¶ 원칙적으로 외래어 표기법에 따라 표기했으나 대중적인 쓰임이 다른 것은 예외적으로 대중적인 표기법으로 표기했습니다.

목차

PART 1
잠들지 않는 오사카의 은색 밤, 오사카 블루스

오사카

교토·나라

PART 2
금빛의 찬란한 순간, 특별한 미식의 찰나

PART 1

잠들지 않는 오사카의 은색 밤,

오사카 블루스

酒は酒屋、もちはもち屋
사케와 사케야, 모찌와 모찌야

술은 술집에서, 떡은 떡집에서.
오사카에서 술이 마시고 싶다면 진짜 술집으로.

긴긴밤 술이 무한대, 노미호다이 이자카야

요코즈나 橫綱

내일 일이 산더미라 할지라도
오늘의 도취를 내일로 미루지 말라.

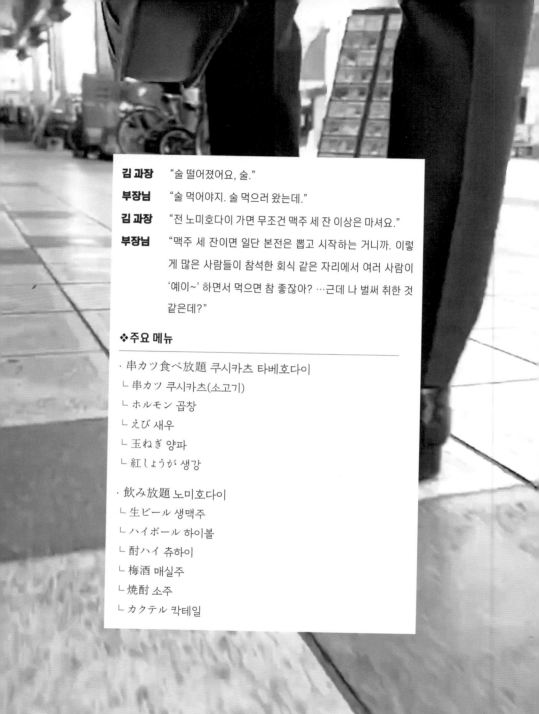

김 과장 "술 떨어졌어요, 술."

부장님 "술 먹어야지. 술 먹으러 왔는데."

김 과장 "전 노미호다이 가면 무조건 맥주 세 잔 이상은 마셔요."

부장님 "맥주 세 잔이면 일단 본전은 뽑고 시작하는 거니까. 이렇게 많은 사람들이 참석한 회식 같은 자리에서 여러 사람이 '예이~' 하면서 먹으면 참 좋잖아? …근데 나 벌써 취한 것 같은데?"

❖주요 메뉴

· 串カツ食べ放題 쿠시카츠 타베호다이
  └ 串カツ 쿠시카츠(소고기)
  └ ホルモン 곱창
  └ えび 새우
  └ 玉ねぎ 양파
  └ 紅しょうが 생강

· 飲み放題 노미호다이
  └ 生ビール 생맥주
  └ ハイボール 하이볼
  └ 酎ハイ 츄하이
  └ 梅酒 매실주
  └ 焼酎 소주
  └ カクテル 칵테일

일본에는 '호다이'라는 말이 있다. 무언가에 '호다이(放題)'라는 말이 붙으면 마음껏 해도 좋다는 뜻이 되는데, 애주가 입장에서 여간 기특한 단어가 아니다. '마시다'라는 뜻의 '노무(飲む)'에 이 녀석이 붙으면 한국말로 '술 무한 리필'이 된다. 술을 무한대로 마실 수 있는 무한 리필, '노미호다이(飲み放題)'. 일본에서 거나하게 한잔하고 싶다면, 일단 이 네 글자부터 외워라. 오하요, 곤니치와, 곤방와보다 제일 먼저 가슴에 새겨야 할 단어다.

역에서 나와 발걸음을 재촉한다. '첫 잔은 나마비루'를 마음속에 되새기며 신세계에 발을 디딘다. '쿠시카츠도, 술도 무한대!'라는 새로운 세상을 열어줄, 애주가 아저씨들의 에덴, 신세카이다.

'일본 제일의 쿠시카츠, 요코즈나'라고 적힌 간판을 지나 들어간 내부는 제법 깔끔하고 쾌적하다. 누구와 함께든 부담스럽지 않게 유쾌한 기분으로 마실 수 있도록 적당히 분위기를 낸 호프집이다. 친구든 연인이든 동료든 가볍게 와서 배만 무겁게 마

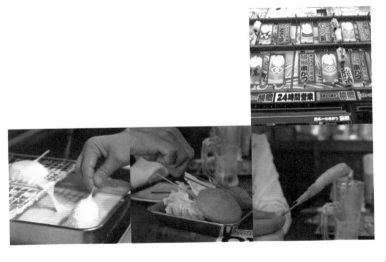

실 수 있다. 마음에 드는 자리에 앉아 빠르게 메뉴를 살핀 후 눈치껏 노미호다이부터 시키고 생맥주(나마비루)를 주문한다. 참고로 노미호다이는 인원수대로 시켜야 한다. 무한 리필을 시키지 않고 술을 한 잔씩 주문하는 것도 가능하지만, 일행 중 누군가 노미호다이를 먹는다면 전원이 노미호다이를 시켜야 한다.

안주로는 쿠시카츠 '타베호다이(食べ放題)'를 선택했다. 타베호다이도 무한 리필을 뜻한다. 무한 리필이긴 하지만 한 번에 최대 5개씩만 주문할 수 있단다. 쿠시카츠, 곱창(호르몬), 새우(에비), 양파(다마네기), 생강을 숨도 쉬지 않고 시킨다. 들뜬 표정을 전혀 숨기지 못한다는 걸 스스로도 알고는 있지만 어쩔 수 없다. 휘황찬란한 빛의 나마비루가 종업원의 손에 들린 채 거품 선을 아슬아슬하게 유지하며 다가오고 있지 않은가. 술 무한 리필, 노미호다이. 그 황홀한 단어에 중년 남성의 마음이 첫사랑을 만난 소년처럼 설렘에 나부낀다.

부장님   "오사카에서 쿠시카츠라고 하면 소고기야. 도쿄에서 쿠시카츠라고 하면 돼지고. 물론 소고기든 양파든 모두 쿠시카츠라고 부르지만, 일반적으로 '쿠시카츠 주세요' 하면 소고기가 나오는 거지. 아, 그리고 이건 쿠시카츠의 기본이라 할 수 있는 새우랑 생강. 이 생강은 오사카 사람들 빼고는 이해를 못하잖아, 이걸 왜 먹는지.(웃음) 그리고 이거는 호르몬이라고 하는데….″

김 과장   "우리나라에서는 곱창이라고 하죠.″

부장님   "맞아, 곱창. 그리고 노미호다이에서 맥주 한잔하고 나면 보통 그다음엔 하이보루.″

김 과장   "하이보루가 정확히 뭐예요?″

부장님   "하이보루라는 건 위스키에 소다수나 물을 타서 만든 건데, 어디 보자…. 이 집에는 플레인, 코크, 진저에일, 세 종류가 있네. 플레인은 단순히 위스키에 소다수를 섞은 거고, 코크는 콜라를 섞은 거. 난 플레인으로.″

김 과장   "아, 근데 부장님, 여기서 몇 잔을 먹어야 본전을 뽑을까요?″

부장님   "흐으응, 잠깐만… 본전이라. 노미호다이가 700엔이잖아? 여기가 맥주 한 잔에 480엔이고. 그러면 맥주 두 잔만 먹어도 본전 뽑는 거야. 이게 노미호다이의 매력이지. 여기에 나 같은 사람들만 쫙 있으면? 망하겠지.″

김 과장   (웃음)

부장님   "…아, 뭔가 욕심이 나나 봐, 술 좋아하는 사람들은. 한 잔이라도 더 먹게 된다고.″

알딸딸하게 취해갈 무렵, 맥주 거품으로 가득한 잔의 마지막 한 모금을 해치우고 다음 술을 시킨다. 아무리 무한 리필이라고 해도 먼저 시킨 술을 다 마셔야 다음 술을 시킬 수 있다. 이번에 시킬 술은 이미 정해져 있다. 시원한 생맥주로 급한 갈증을 해결했으니, 이제부터는 좋아하는 술을 마시며 여유를 부려볼 심산이다. 호기롭게 고구마(이모) 소주를 시킨다.

고구마 소주는 내가 가장 좋아하는 술로, 그중에서도 '쿠로키리시마(黒霧島)'라는 술을 즐겨 마신다. 집에서 술을 많이 마시진 않지만, 그래도 언제나 비치해둘 정도로 나의 오래된 동료다. 일본에는 소주에 소다수를 섞어 마시는 '소다와리(ソーダ割り)'라는 게 있다. 이 25도짜리 '최애' 술에 소다수를 섞어 소다와리로 마시면 지끈지끈했던 일상의 두통도, 무겁기만 했던 하루의 피로도 이내 사라지고 만다. 오지상의 만병통치약이다.

부장님 "이렇게 고구마 소주에 탄산수를 넣어 먹은 게 그다지 오래된 게 아니야. 하지만 지금은 아무 데나 다 있으니까. 어딜 가나 있지. 근데 옛날에는 없었다고. 고구마 소주에 소다수를 넣는다? 그럼 다들 날 이상하게 봤어. 그만큼 내가 개척자였단 거지. 내가 만든 거야, 이거. 내가. 오사카에서."

김 과장 "(웃음) 그럼 지금 드시는 고구마 소주에 어울리는 안주 하나만 시켜주세요."

부장님 "그럴까? 어디 보자… 정말 논베(のんべえ)들이 시키는 안주를 시켜볼까, 그럼? 논베라는 건 술꾼을 말하는 거거든. 시샤모(빙어)랑 에이히레(홍어 지느러미). 이거 딱 2개면 돼. 술집에 와서 에이히레를 시키잖아? 완전 시부이(シブイ, 중후하고 차분한 중년의 멋이 있다)지."

🗂 **마츠다의 참견**

쿠시카츠 외 다른 메뉴도 맛보고 싶다면 '이카노이치야보시(いかの一夜干し)'를 추천. '이치야보시'는 우리말로 반건조 해산물이라는 뜻으로, 오징어를 반건조한 메뉴다.

とりあえず生ビール。

토리아에즈 나마비루

일상의 한복판에서 만난 알코올 오아시스.
첫 잔은 생맥주지.

복어에 사케 한잔, 후구 코스 요릿집

후구쿠지라 ふぐくじら

오사카에 오면 반드시
복어를 먹어볼 것.

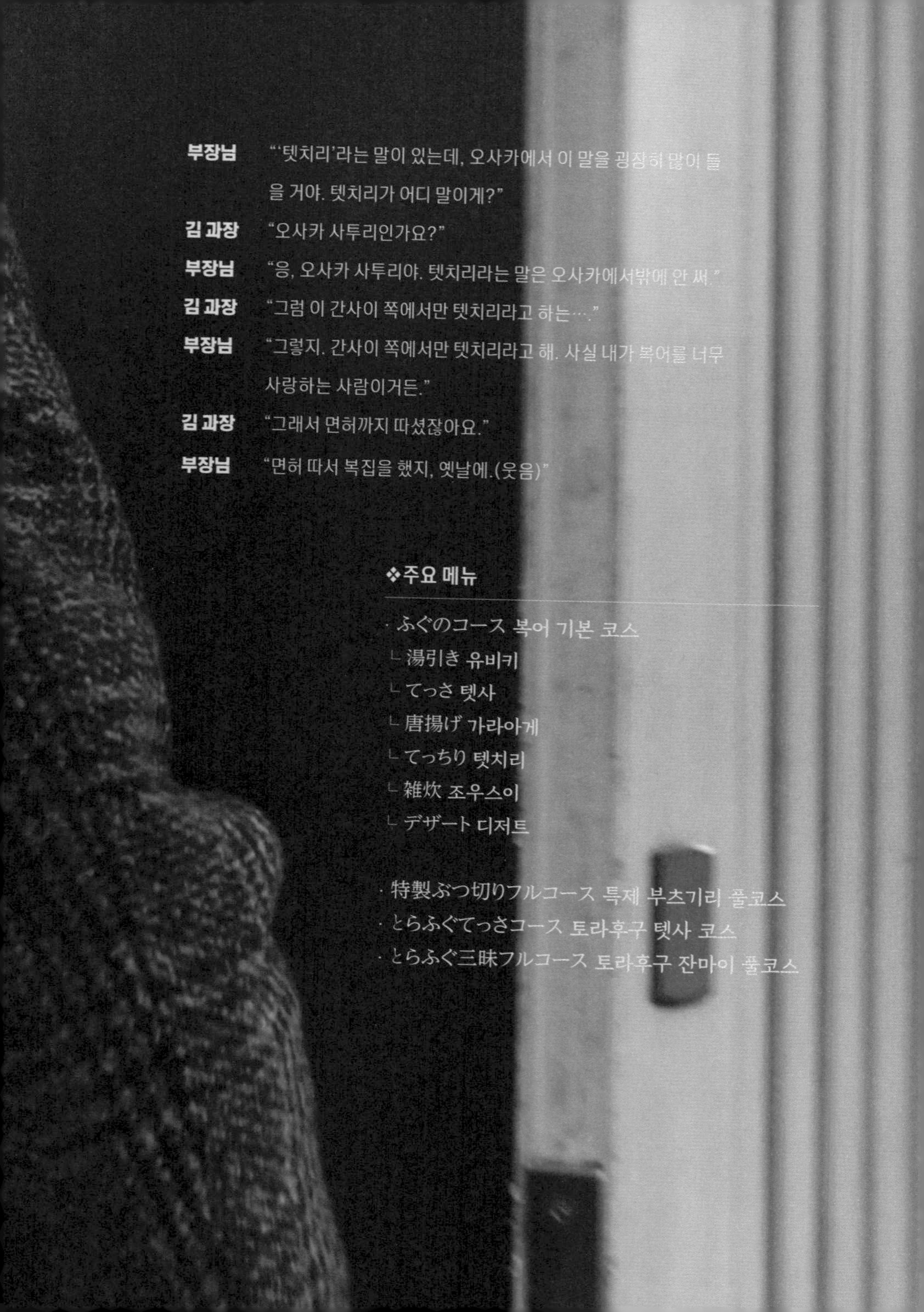

부장님 "'텟치리'라는 말이 있는데, 오사카에서 이 말을 굉장히 많이 들을 거야. 텟치리가 어디 말이게?"

김 과장 "오사카 사투리인가요?"

부장님 "응, 오사카 사투리야. 텟치리라는 말은 오사카에서밖에 안 써."

김 과장 "그럼 이 간사이 쪽에서만 텟치리라고 하는…."

부장님 "그렇지. 간사이 쪽에서만 텟치리라고 해. 사실 내가 복어를 너무 사랑하는 사람이거든."

김 과장 "그래서 면허까지 따셨잖아요."

부장님 "면허 따서 복집을 했지, 옛날에.(웃음)"

❖ **주요 메뉴**

・ふぐのコース 복어 기본 코스
  └ 湯引き 유비키
  └ てっさ 텟사
  └ 唐揚げ 가라아게
  └ てっちり 텟치리
  └ 雑炊 조우스이
  └ デザート 디저트

・特製ぶつ切りフルコース 특제 부츠기리 풀코스
・とらふぐてっさコース 토라후구 텟사 코스
・とらふぐ三昧フルコース 토라후구 잔마이 풀코스

오사카에 오면 꼭 먹어야 할 음식이 하나 있다. 바로 복어다. 하지만 슬프게도 찾는 여행자가 별로 없다. 오사카는 먹는 기쁨으로 가득 찬 식도락의 도시지만 여행자들은 항상 오코노미야키나 타코야키, 쿠시카츠 같은 것만 찾는다. 한때 복어 요리 면허까지 취득해 복집을 운영했을 정도로 복어를 굉장히 사랑하는 나로서는 마치 오사카 여행의 당연한 공식처럼 굳어버린 요즘의 오사카 미식 루틴이 아쉽기만 하다. 오사카의 복어 요리야말로 결코 뒷전으로 밀릴 수 없는 최고의 요리이기 때문이다.

복어 요리는 보통 비쌀 거라고 생각하지만, 잘 찾아보면 합리적인 가격에 맛있는 음식을 즐길 수 있는 요릿집이 꽤 많다. 그런데 아주 '잘' 찾아야 한다. 집집마다 맛과 질이 천지 차이이기 때문에 무조건 저렴하다고만 해서 방문하면 큰 낭패를 보기 쉽다. 그런 의미에서 이곳 '후구쿠지라'는 크고 작은 별 사이에 우뚝 선 북극성 같은 곳이다. 어느 정도 합리적이고 저렴한 가격에 모든 형태의 복어 요리를 코스로 맛있게 즐길 수 있다. 물론 비싼 코스도 있지만, 기본 코스가 비교적 저렴해 초심자가 복어를 맛보기에 더없이 안성맞춤이다.

오사카에서는 서민들도 복어 요리를 즐긴다. 그 덕분에 살면서 복어 요리를 자주 접할 수 있었다. 어른이 되고 난 후 근 30년간 오사카의 복집이란 복집은 모조리 다녀봤다 해도 과언이 아닐 정도다. 그렇다고 언제나 성공만 한 건 아니다. 비싸고 맛있는 곳은 오히려 찾기 쉽지만, 저렴하면서 맛있는 곳은 미슐랭 맛집보다 더 찾기 어렵다. 그렇기에 이런 곳이 도톤보리라는 시가지 바로 옆에 있다는 건 복어 마니아인 나에게 매우 큰 행운이 아닐 수 없다.

복어를 먹을 때만 마실 수 있는 귀한 술까지 덤으로 즐길 생각에 배 속까지 도는 군침을 간신히 진정시키고 자리에 앉았다.

부장님　"이게 복어 요리 코스인데, 복어의 기본 코스야. 유비키, 텟사, 가라아게, 텟치리, 조우스이가 나와. 그리고 마지막으로 디저트. 대부분은 기본 코스에 가라아게가 없지. 복어 튀김은 한 단계 위거든. 그런데 여기는 복어 튀김까지 해서 5,000엔."

김 과장　"생각보다 저렴한데요?"

부장님　"굉장히 저렴한 거야. 다가가기 쉬워졌지? 정말 이상한 곳도 있어. 가서 한번 먹자마자 화가 확 나는 집이 있다고. 잘못 가면 안 돼. '아, 여기 싸다!' 해서 그냥 들어가지 말고 검증된 곳에, 그러니까 내가 소개한 곳에 가야 해.(웃음)"

요즘 말로 '가성비'가 말도 안 되게 좋은 곳인 만큼, 메뉴판을 보면 그저 탄성밖에 나오질 않는다. 이 집 복어 요리의 질을 너무도 잘 알기에 그저 새삼스럽게 감탄스러울 뿐이다.

복어를 모든 형태로 썰고 뜯고 맛보고 즐길 수 있는 다양한 요리가 코스로 준비돼 있다. 그중 가장 무난한 기본 코스를 추천한다. 복어 마니아뿐만 아니라 초심자도 입문하기 좋은 코스다. 기본 코스는 유비키와 텟사, 가라아게, 텟치리, 조우스이, 그리고 디저트로 구성돼 있다. 기본 코스 외에도 텟사가 두툼하게 나오는 '부츠기리 풀코스'와 큰 접시(오오자라(大皿))에 텟사가 나오는 '토라후구 텟사 코스', 야키후구(焼きふぐ)를 포함해 모든 복어 요리가 나오는 '토라후구 잔마이 풀코스'가 더 있다. 참고로 '잔마이(三昧)'는 쉽게 말해 '다 먹어보자'라는 뜻이다. 가격별로 요리 구성이 다른 경우도 있으니, 메뉴를 보며 취향에 맞게 주문하는 걸 추천한다.

부장님　"내가 얘기했지? 여기 가성비 쩐다고."

김 과장　"그러네요, 진짜. 저처럼 복어 요리를 처음 접하는 사람은 어떤 메뉴를 먹으면 좋을까요?"

부장님　"시작은 절대 무리하지 말고 아주 기본으로 5,000엔짜리를 먹는 게 좋아."

김 과장　"네…. 아, 부장님! 하나 더 나와야죠!"

부장님　"뭐가?"

김 과장   "복어에 어울리는 술이요."

부장님   "일단은 복어를 먹을 때마다 내가 항상 마시는 술이 있어. 무조건 복어를 먹을 때면 마시는 술이야. 그건 아껴두었다가 조금 이따 시키고, 지금은 맥주로 목 먼저 축이자. 스미마셍! 나마 욧츠 오네가이시마스(생맥주 네 잔 주세요)!"

일동   (웃음)

   보통 복어는 겨울에 먹는 생선으로 알려져 있다. 왜 그렇게 되었는지는 모르지만 대부분의 사람들이 겨울에 복어를 찾는다. 하지만 결론부터 말하자면, 복어는 여름에 먹어야 제맛을 알 수 있는 생선이다. 복어는 봄이 찾아올 즈음인 3월부터 두 달 동안 산란기를 겪는데, 수컷 복어들은 이때를 위해 겨울 내내 열심히 나름의 준비를 한다. 곧 다가올 산란기를 위해 시라코(白子), 즉 정액 덩어리(정소)를 만드는 데 집중하는데, 그렇다 보니 대부분의 영양분이 시라코에만 몰려 정작 몸에는 영양분이 부족해진다. 이런 연유로 겨울에 먹는 복어는 영양도 맛도 부족하다. 그래서 나는 사람들이 먹지 않으려 하는 여름에 복어를 즐기러 다닌다. 한여름에 들른 복집에는 겨울보다 사람이 없지만, 고수는 고수만이 알아본다.

   자, 이제 이런저런 이야기는 접어두고 황홀한 자태를 뽐내는 코앞의 복어에 집중해보자. 코스의 시작을 알리는 유비키는 복어 껍질을 뜨거운 물에 살짝 데친 것이다. 아주 짧은 찰나에 데치는 거라 데친다고 표현하기도 애매하다. 껍질의 조그마한 돌기 같은 가시를 모두 벗겨낸 후 그 위에 뜨거운 물을 뿌린다. 너무 많이 데치면 흐물흐물해져 부서지기 십상이고, 그렇다고 덜 데치면 딱

딱해서 씹을 수 없다. 온전히 주방장의 요리 실력과 복어에 대한 감에 달린 난도 높은 요리다. 코스에서 제일 먼저 나오기 때문에 그 집의 실력을 단번에 확인할 수 있는 문지기라고도 할 수 있다. 문지기가 마음에 들었다면, 배의 빗장을 열고 다음에 올 요리를 설레는 마음으로 기다리면 된다.

그다음으로 텟사가 정중한 인사를 건넨다. 텟사는 한마디로 복어회다. 기본적으로 아주 얇게 뜬 복어회가 나오는데, 부츠기리 풀코스를 시키면 두툼한 '부츠기리 텟사'를 먹을 수 있다. 여기에서 '부츠기리(ぶっ切り)'는 두툼하게 썬 것을 말한다. 반대로 토라후구 텟사 코스를 시키면 '오오자라 텟사'가 나온다. 아주 큰 접시(오오자라)에 얇게 썬 텟사가 한가득 담겨 있다. 두께의 차이이니, 취향에 따라 선택하면 된다.

부장님 "(부츠기리 텟사를 집으며) 이것 봐, 두껍게 잘라놨잖아."
김 과장 "그러네요. (오오자라 텟사를 가리키며) 아, 이건 굉장히 얇아요."

참고로 나는 두 가지 다 먹고 싶어 부츠기리 텟사와 오오자라 텟사가 나오는 코스를 모두 시켰다. 팀원들과 함께 왔으니 가능한 일로, 매우 배부를 수 있으니 함부로 따라 하지는 말자.

부장님 "이 두툼한 텟사 한 점을 집어서…. 밑이 배추 속대고, 또 그 밑이 무즙이거든? 배추 속대에 무즙을 올리고 텟사를 올려서 한입에…."
김 과장 "어떠세요? 생각하시던 딱 그 맛입니까?"
부장님 "(고개를 끄덕이며) 항상 먹던 맛이지. 이거 진짜 맛있다. 자, 그리고 텟사 옆에 같이 나온 게 바로 시라코야. 같이 먹으면 더 맛있어. 아, 이제 오오자라 텟사를 먹어볼까? 가만있어 봐. 맥주로 입가심을 하고…."
김 과장 "(웃음) 아, 새로운 걸 먹을 때마다 입가심을 하십니까?"
부장님 "이 사람아. 예의야, 음식에 대한.(단호)"

　　오오자라 뎃사는 부츠기리보다 얇지만 그래서 또 별미다. 뎃사와 함께 파, 오로시(おろし, 무즙) 등의 야쿠미(藥味, 음식에 곁들이는 향신료, 양념, 고명 등)가 같이 나오는데, 내 몫의 간장에 야쿠미를 적당히 넣어 간장 맛을 맞춘다. 참고로 지금 나온 오로시처럼 고춧가루가 살짝 섞인 무즙을 모미지(もみじ) 오로시라고 하는데, 회의 풍미를 한층 더 끌어올린다. 이렇게 얇은 회는 꼭 1장씩 먹을 필요 없다. 한 번에 5장씩 집어 간장에 찍어 먹으면 무릉도원의 신선들이 부럽지 않을 사치다. 완벽한 오토나구이(大人食い, 어릴 적 배부르게 먹고 싶었지만 못 먹던 것을 어른이 된 후에 먹고 싶은 만큼 먹는 것)다. 이렇게 복어회를 한 번에 5장씩 먹을 수 있게 된 것만으로도 성공했다고 말해도 되지 않을까. 단언컨대 어린 아키히로도 지금 이 순간을 가장 자랑스러워할 것이다.

　　복어 요리의 향연은 그 후로도 이어진다. 생선 부위 중 맛있기로 소문난 대가리와 목뼈 부위인 아라(あら)를 큼지막하게 튀긴 가라아게, 마늘과 함께 구워주는 야키후구까지 쉬지 않고 먹다 보니, 어느 새 '그 술' 생각이 절실해진다. 복어를 먹을 때 반드시 마셔야 하는 '히레슈(鰭酒, 히레자케로도 읽는다)'다. 겨울이라면 특히 더 빼놓을 수 없다.

　　히레(鰭)는 복어 지느러미를 의미한다. 복어를 손질하며 제거한 지느러미를 햇볕에 말리는데, 간혹 고급 복집 앞에서 히레 말리는 모습을 봤을 것이다. 말려서 딱딱해진 히레를 2시간 정도 고아 표면이 노릇노릇해지면 일본의 뜨거운 니혼슈 '아츠캉(熱燗)'에 넣는다. 이 술을 히레슈라고 한다. 만드는 과정이 매우 어렵고 힘들기 때문에 만약 히레 말리는 걸 보았다면 진짜 좋은 복집이라고 생각해도 좋다. 히레슈를 직접 만든다는 뜻이기 때문이다. 그만큼 만드는 게 힘든 술이라 한 잔에 1,500~2,000엔 정도로 비싸다. 하지만 진짜 맛있는 히레슈는 한 잔에 2,000엔을 주어도 절대로 아깝지 않다.

히레슈를 시키면 직원이 히레에 불을 붙여준다. 히레의 풍미가 술에 더 잘 녹아들도록 하는 과정이다. 불이 붙은 히레를 술에 담갔다 빼는 걸 몇 번 반복하다 뚜껑을 덮어 건네주는데, 바로 먹지 않고 1분 정도 그대로 둔다. 히레의 맛과 향이 술에 가득 퍼지도록 하기 위함이다. 1분이 지나면 뚜껑을 열고 히레를 뺀 뒤 마시면 된다.

나에게는 사랑해마지않는 히레슈지만, 아쉽게도 맛은 호불호가 많이 갈린다. "와, 이건 도저히 못 먹겠다" 하는 사람과 "와, 이거 엄청 맛있다" 하는 사람으로 나뉜다. 복어 지느러미에서 나는 특유의 향 때문인데, 기호에 따라 거부감이 들 수도, 반대로 인생 술이 될 수도 있다. 그래도 살면서 한 번쯤은 시도해볼 만한 가치가 충분한 술이다.

마지막으로 텟치리(복어 나베)와 조우스이(죽)로 간만의 고급 요리에 들뜬 배 속을 달래준 후 디저트로 입가심을 하면, 길고 길었던 복어 요리의 대장정이 끝난다. 지금껏 그렇게 많은 복어 요리를 먹어왔건만 오늘 또 복어에 빠져버렸다. 복어야말로 오사카 미식의 끝이자 시작이다. 진짜 오사카를 알고 싶은가? 그렇다면 일단 복어부터 시작해라.

마츠다의 참견

히레슈는 비싸기 때문에 한 번 먹고 끝내기엔 아깝다. 녹차 티백처럼 히레도 두어 번은 더 우릴 수 있으니 보통의 아츠캉을 시켜 몇 번 담가 먹자. 이걸 '츠기슈(次酒, 츠기자케로도 읽는다)'라고 하는데, 츠기슈를 달라고 하면 보통의 아츠캉을 갖다준다.

百問は一見に如かず。

햐쿠몽와 잇켄니 시카즈

망설이지 말 것.
용기 있는 자만이 진미를 얻을지니.

가장 서민적인 것이
제일 세련된 법.

한국에는 한국만의 정서가 있듯 일본에는 일본만의 정서가 있다. 당연한 소리다. 나라마다 사람이 다르고 문화가 다르니 조금씩 차이가 나는 건 어쩔 수 없는 이치다. 하지만 그렇다고 해도 지리적으로 가까운 두 나라의 정서가 이렇게나 다를 수 있을까 싶어 새삼스레 놀랄 때가 더러 있다. 두 나라의 문화를 모두 경험하고 체득한 나는 한국의 정서도 일본의 정서도 모두 지니고 있다. 그래서인지 때로는 두 나라의 차이가 더 크게 다가온다.

가장 다른 건 해가 지고 나서다. 일본도 한국 못지않게 술을 좋아하는 애주의 나라지만, 술을 대하고 마시는 거의 모든 면이 한국과 다르다. 한 예로 주도(酒道)를 들 수 있는데, 가령 한국에선 웃어른과 마실 때 공경의 의미로 고개를 돌리지만, 일본에선 그런 행동이 오히려 무례한 것이 된다. 다른 건 주도만이 아니다. 주문하는 모습도 다르다. 한국은 안주와 술을 처음부터 함께 주문하지만, 일본은 맥주부터 시켜 마시면서 천천히 안주를 고른다.

좋아하는 건 같지만 좋아하는 방법은 전혀 다른 두 나라다. 그렇기 때문에 일본이라는 나라를 정확히 이해하고 그들의 문화를 가까이에서 경험하고 싶다면, 기꺼이 일본 서민들이 찾는 곳에 가봐야 한다. 한국 관광객으로 가득 찬 유명 식당에서는 절대로 일본을 찾을 수 없다. 일본은 비가 오면 술집에 사람이 없는 나라다. 또 술이 아니라 돈을 킵해놓고 빈손으로 다니기도 한다. 웬만한 각오로는 며칠 만의 여행으로 진짜 일본을 찾을 수 없다. 일본을 보고 싶어 오사카에 왔다면, 기꺼이 그들의 삶 속으로 뛰어들어라.

부장님 "어떤 데를 가면 돈을 킵하는 데도 있어요. 어디 가면 보틀을 킵하는 곳이 있잖아요? 킵해놓으면 6개월 동안 와서 내 보틀 가지고 먹고…. 그것처럼 남은 돈을 킵하는 거예요. 그런 데는 한번 킵해놓으면 그다음엔 돈 없이 가도 괜찮은 거죠."

준하 "그 집 문 닫으면 어떡해?"

부장님 "(웃음) 뭐 이렇게 의심이 많아!"

준하 "근데 희한하게 토요일은 늦게 안 하데? 토요일이면 우리는 완전 아침까지 하고 그러는데."

부장님 "형. 일본은 비가 오면 아예 사람이 없어요, 술집에."

준하 "이해를 못하겠네. 술꾼들이…. 우리는 빈대떡이나 빗소리 들으면서 파전에, 막걸리에, 막…."

그때 마침 비가 온다.

부장님 "분위기 너무 좋다. 골목에 비 오는…. (맥주 한 잔을 다 마신 후)
아, 우리 이제 안주 좀 시킬까요?"

준하 "(웃음) 아니, 왜 안 시키는 거야, 아까부터? 진짜 이해를 못하겠
네. 우리는 앉자마자 안주부터 시켜!"

일동 (웃음)

한국과 일본은 닮았지만 많이 다르다. 그리고 다른 점
에서 무언가 의미 있는 걸 발견해내는 게 바로 여행일 것
이다. 같은 동양권 문화를 향유하는 나라로서 닮은 부분
도 분명 있겠지만, 여행하는 내내 생각지도 못한 부분에서
놀라는 일이 더 많을 것이다. 많이 낯선가? 익숙하면 여행
이라 할 수 없다. 낯설면 낯설수록 좋다. 그러니 진짜 일
본에서 더 많이, 온몸으로 낯설어하길 바란다. 요우코소.

差しつ差されつ。 사시츠 사사레츠

주거니 받거니.

별이 흐른다.
그리고 술이 흐른다.

샐러리맨의 아지트, 작은 야키토리집

일석오조 一石五鳥

이 밤이 다 가기 전에
한 번 더 건배.

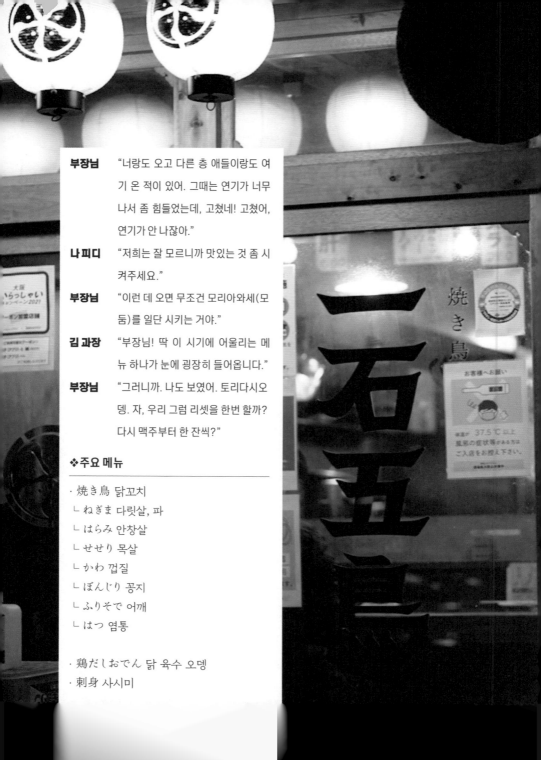

부장님 "너랑도 오고 다른 층 애들이랑도 여기 온 적이 있어. 그때는 연기가 너무 나서 좀 힘들었는데, 고쳤네! 고쳤어, 연기가 안 나잖아."

나 피디 "저희는 잘 모르니까 맛있는 것 좀 시켜주세요."

부장님 "이런 데 오면 무조건 모리아와세(모둠)를 일단 시키는 거야."

김 과장 "부장님! 딱 이 시기에 어울리는 메뉴 하나가 눈에 굉장히 들어옵니다."

부장님 "그러니까. 나도 보였어. 토리다시오뎅. 자, 우리 그럼 리셋을 한번 할까? 다시 맥주부터 한 잔씩?"

❖ **주요 메뉴**

· 焼き鳥 닭꼬치
　└ ねぎま 다릿살, 파
　└ はらみ 안창살
　└ せせり 목살
　└ かわ 껍질
　└ ぼんじり 꽁지
　└ ふりそで 어깨
　└ はつ 염통

· 鶏だしおでん 닭 육수 오뎅
· 刺身 사시미

팀원들과 1차를 끝내고 아쉬운 마음에 향한 2차. 1차에서의 흥을 이어가기 위해 2차는 조금 더 와자지껄하게 마실 수 있는 곳으로 선택했다. 평소 퇴근 후 자주 다니던 곳 중 하나로, 야키토리(닭꼬치)를 메인으로 하는 이자카야다. 언제 와도 편하게 먹고 마실 수 있는 부담 없는 분위기다. 그렇게 크진 않지만, 오히려 그래서 더 정겹고 즐거운 곳이다.

회사가 밀집한 곳인 만큼 이 동네에는 비싼 곳이 별로 없다. 대부분 샐러리맨들이 퇴근 후 저렴하게 한잔하는 곳인데, 이곳 '일석오조'도 마찬가지다. 꼬치 5종에 800엔 정도다. 요즘 물가를 생각했을 때 절대 비싸다고 할 수 없는 가격이다.

야키토리집인 만큼 닭꼬치부터 시킨다. 일본의 닭꼬치는 조금 세세하다. 메뉴가 부위별로 나뉘어 있다. 안창살, 목살, 엉덩이살 등 종류가 꽤 다양하기 때문에 하나하나 고르는 것보다 오마카세(お任せ, 주방장이 알아서 내주는 요리)나 모리(盛り, 모둠)로 시키는 게 더 편할 수 있다. 더욱이 처음 가는 집이라면, 직접 부위를 고르는 것보다 성공할 확률이 더 높다. 평소 즐겨 먹던 부위라도 집마다 맛이 다를 수 있기 때문이다. 불

에 굽는 닭꼬치라 해서 다 비슷할 거라고 생각하면 안 된다. 돌다리도 두드려보고 건너는 마음으로 먼저 오마카세나 모리를 시키자. 그 집에서 가장 자신 있어 하는 것부터 먹고 나서 좋아하는 부위를 시켜도 늦지 않다.

그런 이유로 첫 메뉴는 오마카세로 주문한다. 마침 '닭꼬치 오마카세쿠시모리(おまかせ串盛り)'라는 메뉴가 있다. 딱 나를 위한 메뉴다. 여기에 쌀쌀한 날씨를 잊게 해줄 오뎅도 함께 시킨다. 1인분에 오뎅 5개라는데, 역시 오마카세로 주문한다. 이미 1차에서 알딸딸하게 취한 채로 왔다. 닭꼬치도 모둠으로 시킨 판에 오뎅이라고 하나씩 고를 수 있을까. 시간과 에너지를 아낀 만큼 빠르게 닭 사시

미 3종 세트도 추가하고 마무리한다. 이제 됐다. 지금부터는 열심히 나마비루를 마시며 음식이 나오기만을 기다리면 된다.

3분의 1 정도 마셨을까. 제일 먼저 닭 육수 오뎅(토리다시오뎅)이 나온다. 오뎅은 오뎅인데, 국물을 닭 육수로 냈다는 뜻이다. 야키토리집에서 오뎅을 시킨 건 다 믿는 구석이 있어서다. 자세히 보면 오뎅 앞에 '슌다(しゅんだ)'라고 적혀 있는데, '맛이 깊이 잘 배었다'는 뜻의 간사이 사투리 '슌데루(しゅんでる)'에서 파생된 말이다. 한마디로 국물도 오뎅도 깊은 맛이 우러나온다는 뜻이다. 어느 집이든 무를 먹어보면 오뎅 맛을 대번에 알 수 있다. 국물이 깊이 배어든 무부터 한입 먹어본다. 역시 틀리지 않았다. 제대로 '슌데루'하다.

오뎅을 먹을 때 '츠유다쿠(つゆだく)'라는 표현을 알아두면 좋은데, 국물 더 달라는 뜻이다. 한국은 오뎅 국물이 빼놓을 수 없는 별미지만, 일본은 그렇지 않다. 국물은 잘 먹지 않고 대부분 오뎅만 먹기 때문에 애초에 국물을 적게 준다. 오뎅이라면 응당 종이컵에 한가득 따른 오뎅 국물부터 생각나는 나로서는 꽤 아쉬운 일이다. 이럴 땐 '츠유다쿠'를 부탁하자. 한 가지 주의할 점은, 잘 마시지 않는 만큼 유독 국물이 짠 집이 있다는 것이다. 그러니 간을 먼저 보고 츠유다쿠를 부탁하자. 어쨌든 이 집 국물은 합격이다, 아주 슌데루하다.

손님들은 화기애애하고, 사장과 직원은 친절하고 흥겹다. 퇴근 후 잠깐 동안 즐기는, 짧다면 짧은 시간이지만 이렇게 친절하고 즐거운 사람들을 만나 그 틈에 섞여 기분 좋게 술 한잔할 수 있다는 건 운이 좋다고밖에 할 수 없다. 오늘 또 느끼는 것이지만 역시 가장 좋은 술은 사람이다. 좋은 사람과 함께라면 맥주 한잔에도 황홀하게 취할 수 있을지 모른다.

기분 좋은 생각에 잠시 잠겨 있을 때쯤 테이블 위에 닭 사시미가 놓인다. 한 접시에 간, 닭 가슴살, 타타키가 한 줄로 사이좋게 놓여 있다. 간은 참기름에, 닭 가슴살과 타타키는 간장에 찍어 먹으라는 사장의 친절한 설명을 듣고 젓가락을 가져간다. 아, 사시미에는 하이볼이지. 직전에서 멈춘 젓가락을 내려놓고 하이볼부터 시킨다. 시원한 하이볼을 한 모금 마신 후에 이제 간부터 맛을 볼까 하는데, 먼발치에서 멈칫하는 동호 녀석의 젓가락이 보인다. 불러서 간을 입에 넣어준다.

부장님　"응? 동호, 이거 좋아하는구나?"
동호　"(당황) …."
부장님　"일로 와, 이거 네가 먼저 먹어. '아~' 해."

그러는 와중에 아직 사시미 맛도 보지 못했는데 바로 닭꼬치가 나와버렸다. 각각 네기마, 하라미, 세세리, 카와, 봉지리, 후리소데, 하츠다. 네기

마는 다릿살과 파를 함께 구운 것으로 한국인 입맛에 최적화된 야키토리다. 만약 어떤 부위를 골라야 할지 모르겠다면 무난하게 네기마를 고르는 것도 좋은 방법이다. 세세리는 목살로, 목뼈에 붙은 살을 의미하는데, 쫄깃쫄깃한 맛이 특징이다. 후리소데는 어깨 부분으로 귀한 부위로 여겨진다. 봉지리는 쉽게 말하면 엉덩이살인데, 엄밀히 말해 꼬리 부위다. 상카쿠(三角)라고도 부르는데, 꽁지에 붙은 삼각형을 의미한다. 한국에서는 다 잘라버리지만 일본에서는 인기 있는 부위로, 지방이 많아 오도독한 식감과 맛이 일품이다. 그 외 하라미는 안창살, 카와는 껍질, 하츠는 염통(코코로(こころ)라고도 한다)을 뜻한다.

부장님 "이야~ 묵자! 묵고 죽자!"

김 과장 "부장님 술 드시는 스피드가 너무 빨라졌는데?"

나 피디 "즐거울 땐 항상 빨라져."

부장님 "(직원에게) 하이보루 조금 더 진한 걸로 4잔 주세요!"

직원 "네!"

부장님 "하이보루 코이(진하게)를 추가 요금 없이 그냥 주시네? 어떤 곳에 가면, 이런 개인 점포가 아니라 체인점 같은 데 가면 말이야, 거기는 정해진 가격이 있잖아. 코이로 달라 하면 '플러스 100엔이 붙습니다' 같은. 근데 여기는 봐봐 '아, 코이데스? 하이!' 그리고 끝이잖아."

일동 (웃음)

부장님 "잠깐만! 내 봉지리 다 어디 갔어?"

나 피디 "(못 듣고) 맛있어! 맛있어! 진짜 맛있어!"

부장님 "(웃음을 참지 못하고) 진짜 맛있지?"

나 피디 "세상에서 제일 맛있는 게 야키토리였네."

일동 (웃음)

부장님 "봉지리 맛있는 집이 진짜 잘하는 집이야."

동호 "봉지리가 뭐예요?"

부장님 "봉지리라는 건 꽁지! 꽁지에 삼각형 같은 게 있잖아. 한국에서는 그걸 다 잘라버리

지? …얘들아, 내 얘기 좀 들어봐."

나 피디 "아, 너무 맛있어요!"

동호 "부장님! 잘 듣겠습니다!"

부장님 "얘기 다 했다, 이 자식아!"

일동 (웃음)

야키토리 한입에 시원한 하이볼 한 모금. 잔을 든 손이 저절로 위로 향한다. 역시 야키토리와 하이볼은 최고의 궁합이다. 맛있다며 신이 나서 먹는 팀원들을 보면서 마시는 하이볼은 매우 달다. 이래서 퇴근 후 한잔이 좋다. 취할 정도로 마시진 않지만 마음이 이유 없이 고양된다. 내일은 또 어떤 하루가 기다리고 있을지 모르지만, 상관없다. 퇴근 직전까지 나를 괴롭히던 문제가 뭐였는지도 생각나지 않는다. 지금 나에게 가장 중요한 건 눈앞의 하이볼과 야키토리, 그리고 건배뿐이다.

📁 **마츠다의 참견**
_____
다른 부위에 도전하고 싶다면 즈리(**ずり**, 닭똥집)나 야겡(**やげん**, 가슴 연골)도 괜찮다.

酒は詩を釣る針。

사케와 우타오 츠루 하리

오늘의 지는 해를 위하여, 건배.
내일의 뜨는 해를 기다리며, 또 건배.

8년 개근, 새벽에 먹는 파스타와 진토닉

키친 바 시키 Kitchen Bar Shiki

진짜 강한 별은 모든 빛이 사라진
한밤중에 가장 빛난다.

❖주요 메뉴

· サーモンとキノコのクリームパスタ
　연어＆버섯 크림 파스타

· 海の幸のペペロンチーノ 해산물 페페론치노 파스타

· ピザマルゲリータ 마르게리타 피자

· ワニ肉のステーキ 악어 고기 스테이크

· ドラゴンロール 드래곤 롤

· ジントニック 진토닉

· ジンライム 진라임

부장님 "여기는 타니마치큐쵸메. 먹을 데가 많은데 나는 보통 마시러 오지. 여기가 내 출퇴근길이야. 출퇴근길이어서 항상 여길 지나치는 거지. 그중에서 여기."

나 피디 "바예요?"

부장님 "'키친 바 시키'라는 곳이야. 진짜, 맨 정신에 여길 와본 적이 없어."

나 피디 "(웃음) 맨 정신에 오질 않았는데 맛은 느끼셨던 거예요?"

부장님 "맛이라기보다…. 아, 여기가 되게 맛있는 집이야. 오픈할 때부터 계속 다녔던 데야. 내가 여길 오면 꼭 먹는 게 파스타야. 그 오밤중에, 새벽에.(웃음)"

기분 좋게 마무리한 회식, 저녁을 먹으며 가볍게 한 잔한 반주, 동료와의 진솔한 술자리. 다양한 형태의 즐거운 술자리가 끝난 후 혼자 돌아가는 길에 이따금 '한잔 더'가 생각날 때가 있다. 소위 '마시고 죽자!' 문화와는 달리, 일본의 음주 문화는 일반적으로 적당히 마시고 마무리하는 것이 보통이다. 그렇다 보니 술자리가 끝난 후 팬스레 술이 모자라다고 느껴질 때가 있다. 집으로 돌아가 하루를 뒤로하고 침대에 눕기에는 아직 술도, 사람도, 오늘도 아쉽기만 하다.

그럴 때 고민 없이 향하는 곳이 있다. 타니마치큐쵸메(谷町九丁目) 역 바로 옆, 늦은 밤에도 언제나 불이 켜져 있는 작은 펍, 나의 작은 아지트 '키친 바 시키'다.

타니마치큐쵸메는 벌써 10여 년이나 넘은 내 소중한 출퇴근길이다. 출퇴근길이 소중할 것이 뭐 있겠냐마는, 관광지가 아닌데도 맛있는 식당과 좋은 술집이 제법 많기 때문에 오며 가며 들러 가볍게 먹거나 마시기 좋다. 오히려 관광지보다 일본의 영화나 드라마에 나올 법한 '리얼한 일본 현지 느낌'이 나는 분위기 좋은 곳이 꽤 많은데, 마치 숨은 보물 찾기라도 하는 듯한 기분이다.

시키도 그런 곳들 중 하나다. 역에서 가까워 접근하기 좋고, 늦은 시간까지 영업해 언제든 찾아갈 수 있어 좋다. 내 경우에는 회사 근처인 난바에서 한잔하고 여기 들러 혼자만의 2차를 즐긴 후 집에 가는 것이 하나의 루트가 되어버렸다. 이곳이 처음 생겼을 때부터 다니기 시작했으니 벌써 8년째 이어지는 루트다.

시작은 별것 아니었다. 퇴근 후 집에 가다 새로 생긴 곳이 보이길래 호기심에 한번 들어가본 것이 첫 만남이었다. 그러다 '사장은 마음에 안 들지만 맛은 좋군' 하면서 한 번, '알고 보니 사장이 아주 진국이네' 하면서 또 한 번 가고 했던 것이 8년 단골로 이어졌다. 이제 내가 들어가면 직원인 쿄스케는 주문을 기다리지 않고 진토닉부터 만들기 시작한다. 언제 봐도 사람 좋은 사장 유스케는 허물없는 농담을 던진다. 항상 반쯤 취한 상태로 찾는 나에게 이곳은 술 취한 덕에 보이는 아름다운 신기루 같은 소중한 곳이다.

부장님 "한 잔이 모자랄 때가 있잖아, 왜. 1차, 2차까지 갔어도. 대부분 일본 사람들이 막 '먹자, 죽자, 마시자' 뭐 이런 건 아니잖아. 그러니까 나는 모자랄 때가 있어. 가끔."

나 피디 "부장님은 모자라지."

부장님 "응, 그렇게 살짝 취했어도 모자랄 때 여기까지 걸어와, 나는. 난바 쪽에서 먹다가 걸어와서 여기로 들어오는 거야. 내가 여기 오면 무조건 마시는 게 진토닉이야. 여기 이렇게 맨 정신으로 온 게 오늘이 처음이야. 저것 봐, 유스케랑 쿄스케도 깜짝 놀라잖아."

일동 (웃음)

부장님 "일단, 맨 정신이니까 오늘은 진토닉 대신 맥주부터 시작해야겠지? (쿄스케에게) 쿄스케, 맥주 줘."

쿄스케 "(깜짝 놀라며) 맥주요?"

부장님 "(웃음) 응, 맥주."

쿄스케 "진토닉 대신 다른 술 시키는 거 처음 봐요!"

일동 (웃음)

그리 크지 않은 공간이지만 실력은 프로다. 100가지 요리 메뉴와 700가지 술을 판다. 평범한 작은 펍인 줄 알고 들어갔더니 웬만한 레스토랑 못지않은 메뉴와 전문점에 버금가는 술을 다루는 이상하고 신기한 곳이다. 가장 인기 있는 건 파스타인데, 그중에서도 페페론치노 파스타가 1등이다. 나는 갈 때마다 크림 파스타를 시킨다. 파스타에 진토닉 한 잔이 내 단골 주문. 파스타를 안주 삼아 술을 마실 수 있다는 것 자체가 이곳만의 매력인데, 특유의 분위기와 합쳐져 생각보다 더 근사하다. 가짓수가 매우 많다 보니 메뉴가 상당히 다양하지만 주로 손님들에게 선택되는 건 파스타나 피자, 마키스시인 드래곤 롤, 그리고 악어 고기 정도다.

술은 무조건 진토닉으로 시킨다. 물론 맥주부터 소주, 위스키, 럼주까지 아주 다양한 술을 구비했지만 내 선택은 언제나 진토닉이다. 다른 곳에서 맥주나 하이볼을 마시고 취한 상태로 오기 때문에 여기에선 바로 본론으로 들어간다. 진(gin)으로 비피터(Beefeater)를 쓰는데, 칵테일이나 토닉에 섞기에 저렴하면서도 적합한 술이다. 세월이 이쯤 되면 눈빛만 봐도 안다고 했던가. 내 취향을 너무도 잘 알아 딱 맞게 타준 건지, 아니면 이 집 진토닉에 내 취향이 맞춰진 건지, '맛있는' 진토닉을 음미하며 여유롭게 주위를 둘러보면 어느새 손님으로 북적이고 있다.

관광지에서 떨어진 곳에 위치해 여행자보다는 일본인 손님이 주를 이룬다. 메뉴가 100가지다 보니 이곳을 찾는 손님층이 매우 다양한데, 나 같은 중년 샐러리맨뿐만 아니라 젊은 남녀 직장인, 캐주얼한 패딩 점퍼파, 나이 지긋한 어르신 등 다양한 나이대와 계층 사람들이 이곳을 찾는다. 서로 다른 사람들이 한곳에 모여 묘한 하모니를 이루는 모습도 또 다른 볼거

리다. 그만큼 자유로운 분위기가 매력적이라, 함께 마시다 보면 어느새 너나 할 것 없이 서로 어우러지게 되는, 정말 이상하고 신기한 곳이다. 술이 모자란다는 핑계로 이렇게 좋은 곳에서 시간을 보낼 수 있으니, 아무리 생각해도 8년째 아주 좋은 핑곗거리다.

나피디 "여기 그럼, 가격은 어느 정도예요?"

부장님 "싸, 저렴해. 여기 오면 내가 유스케, 쿄스케 다 사주거든, 다 같이 먹자고. 옆 사람도 사주고."

나피디 "아, 그 정도로 부담 없는 가격이에요?"

부장님 "부담 없지. (쿄스케에게) 쿄이치, 뭐 먹을래?"

쿄스케 "⋯."

부장님 "쿄이치! (웃음) 아, 쿄스케!"

쿄스케 "(웃음) 오늘은 쿄이치로 하겠습니다."

일동 (웃음)

부장님 "(웃음) 쿄스케, 뭐 마실래?"

쿄스케 "아, 역시."

쿄스케 · 부장님 "진토닉이죠!"

🧳 **마츠다의 참견**

파스타에 진토닉 조합을 꼭 먹어보길 추천. 진토닉 이후에는 진라임, 테킬라 순서가 알맞다. 테킬라를 마실 경우 온더록을 추천.

ジントニック、ロックで。

진토닛쿠, 롯쿠데

맥주도 하이볼도 유독 싱거운 날에는

진토닉으로.

한 잔에 무조건 500엔, 서민 타치노미 바

바 바타2 Bar BATA2

술에 취하고 사람에 취하고
그렇게 밤에 취하고.

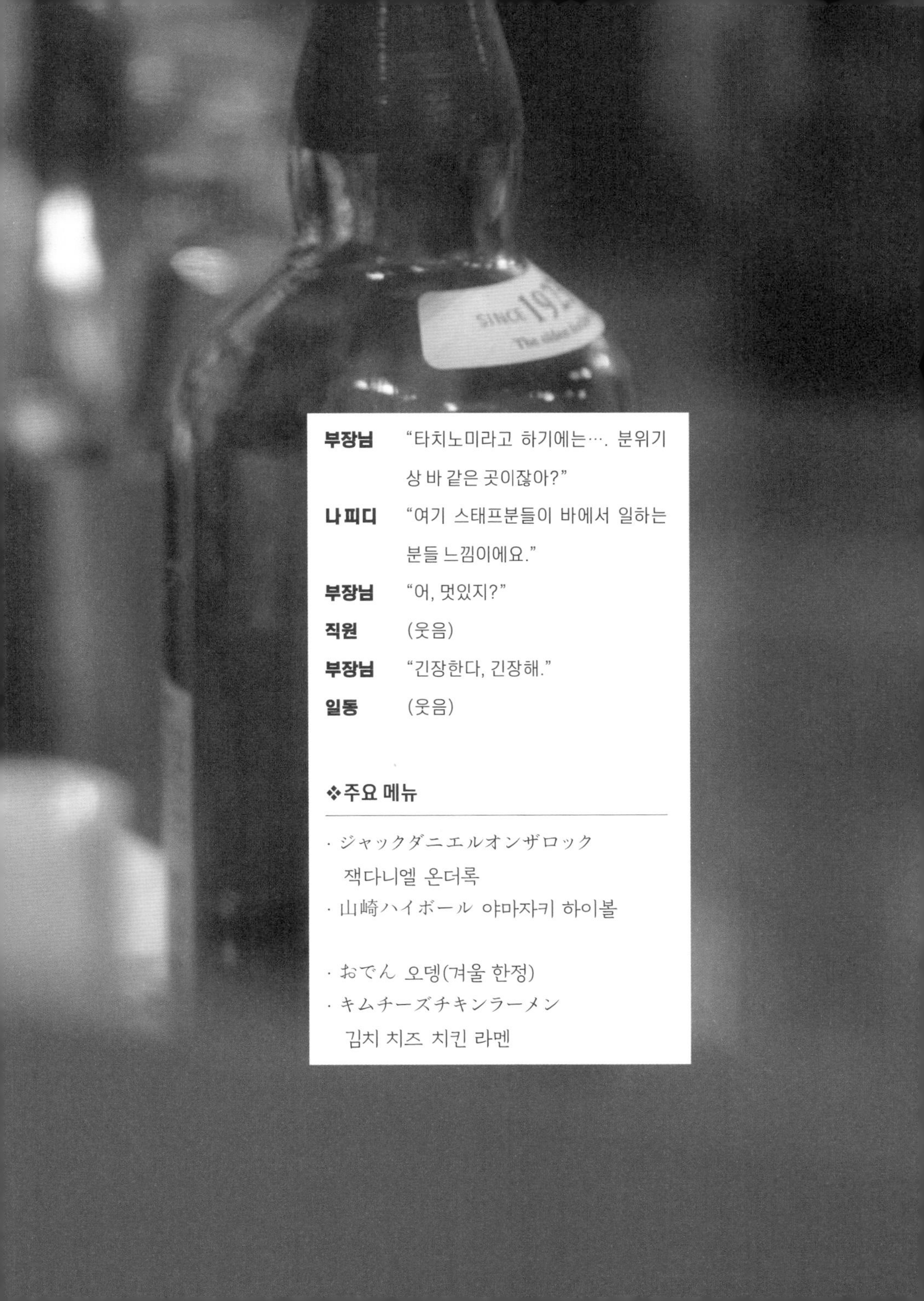

부장님 "타치노미라고 하기에는…. 분위기
상 바 같은 곳이잖아?"

나 피디 "여기 스태프분들이 바에서 일하는
분들 느낌이에요."

부장님 "어, 멋있지?"

직원 (웃음)

부장님 "긴장한다, 긴장해."

일동 (웃음)

❖주요 메뉴

・ジャックダニエルオンザロック
잭다니엘 온더록

・山崎ハイボール 야마자키 하이볼

・おでん 오뎅(겨울 한정)

・キムチーズチキンラーメン
김치 치즈 치킨 라멘

일본에는 서서 마시는 '타치노미야(立ち飲み屋)'라는 것이 있다. 우리가 흔히 아는 술집과 달리, 허리 높이까지 오는 긴 테이블로 이루어진 술집을 말한다. 술을 계속 서서 마신다고 하면 생각만으로 다리가 아파오는 것 같지만, 오히려 일본에서는 일부러 타치노미야를 찾는 사람이 꽤 많다. 타치노미야만이 지니고 있는 독특한 매력 때문이다. 보통 한곳에 오래 앉아 마시는 한국과 달리 간단하게 한잔하는 걸 즐기는 일본의 특성이 반영된 재미있는 이자카야다.

늦은 밤 술을 더 마시고 싶을 때, 더 자세히 말하면 술'만' 마시고 싶을 때 즐겨 찾는 '바 바타2'도 타치노미야다. 직장인이 많이 오가는 타니마치큐쵸메 역 5번 출구 바로 앞에 위치해 기본적으로 손님이 많고 왁자지껄하다. 그렇다고 샐러리맨만 찾는 곳은 아니고, 나이가 좀 있는 아

주머니, 데이트하는 커플, 혼술을 즐기는 아저씨 등 각양각색의 사람들이 모인다.

엄밀히 말하면 이곳은 일본의 전통적인 타치노미야라기보다는 바 느낌이 더 강하다. 서 있는 테이블이 놓여 있긴 하지만, 카운터석 너머 오픈된 주방과 바텐더 느낌 물씬 풍기는 직원들의 모습이 바를 연상시킨다. 공간이 크지 않기 때문에 사람이 많을 때는 제대로 된 테이블 없이 군데군데 서서 마시기도 한다. 이럴 때는 꼭 스탠딩 바 같다. 물론 의자도 있기 때문에 앉아서 먹을 수도 있다.

늘 그렇듯 한잔 거나하게 마신 후 약간 모자란 술을 보충해 마무리하고자 이곳으로 향하는 것이 평소의 루틴이다. 문이 다 열리기도 전에 오랜만이라며 정겹게 맞아주는 분위기가 취기를 한층 더 돋운다. 술은 500엔, 안주는 100엔(500엔짜

리 안주도 있다). 이것만 봐도 알 수 있듯 애초에 요리를 팔고자 하는 곳이 아니다. 물론 안주는 언제 먹어도 맛있지만, 굳이 따지자면 안주보다 술을 더 먹고 싶어 하는 사람들이 찾는다. 말하자면 나처럼 술이 한두 잔 모자란 사람들에게 지상 낙원과도 같은 곳이다.

부장님 "여기는 뭘 먹으려고 오는 데는 아니고… 겨울에 타치노미야에 가면 뭐가 제일 생각나? (웃음) 오뎅이야 있겠지. (오뎅을 시킨 후) 부담이 없잖아. '나는 지금 술 한 잔만 먹고 싶어' 이럴 때. 한국에서는 돼지고기 2인분 이상 아니면 안 돼, 감자탕이 좀 먹고 싶어도 감자탕 이만한 걸…. 소자를 시켜도 혼자 절대 못 먹어. 여기는 안주 안 시키는 사람들이 대부분이야."

나피디 "술이, 여기 있는 거 다 500엔이더

라고요."

부장님 "여기는 전체가 500엔이야. 저기 야마자키도 있잖아."

나피디 "야마자키도 500엔?"

부장님 "응. 야마자키도 500엔."

적당한 테이블을 찾아 자리를 잡고 잭다니엘 온더록을 주문한다. 테이블 위에 컵이 하나 놓여 있는데, 여기에 돈을 두고 술이나 안주를 시키면 된다. 앞뒤로 다른 손님들이 삼삼오오 모여 이야기꽃을 피운다. 여기는 공간이 좁은 만큼 테이블 간격이 가까운 편이다. 그래서 술을 마시다 보면(대부분의 손님이 나처럼 2차로 온 경우가 많기 때문에) 어느새 가게 안 사람들과 다 함께 떠들게 된다. 이게 바로 타치노미야만의 중독성 있는 매력이라고 할 수 있다.

이런저런 이야기를 나누다 보니 어

느새 술이 다 떨어졌다. 다시 야마자키 하이볼을 시키기 위해 함께 간 팀원들 중 희망 인원을 세고 있는데, 뒤 테이블 사람이 넉살 좋게 자기들 인원도 덧붙인다. 익살스러운 사람 냄새. 내가 이곳을 좋아하는 이유다. 잭다니엘이든 야마자키 하이볼이든 무조건 한 잔에 500엔이라는 다소 파격적인 가격도 이런 짓궂은 농담에 한몫한다. 다른 곳에서는 몰라도 이곳에서 이런 농담은 유쾌한 조크다. 한껏 쿨한 표정을 지으며 뒤 테이블 몫까지 야마자키 하이볼을 주문한다.

나는 이곳을 참 사랑한다. 사람 냄새 때문이다. 사람이 그리울 때 이곳에 오면 질리도록 사람 속에 파묻힐 수 있다. 일행이 아닌 사람들끼리 공감대를 형성한다기보다 '지금 이곳'이라는 즐거움을 공유한다. 언제나 새로운 만남이 기대되는 곳, 그리고 그들이 들려줄 다른 형태의 삶에 괜스레 마음이 설레는 곳, 바로 늦은 밤까지 웃음소리가 끊이지 않는 바 바타2다.

부장님	"(직원을 부르며) 슈지, 여기 야마자키 하이보루로 4잔 줘."
슈지	"4잔?"
부장님	"(급하게 손 든 옆 테이블 사람을 가리키며) 아, 5잔!"
슈지	"5잔?"
부장님	"(급하게 슈지를 가리키며) 아, 6잔! (웃음) 같이 먹어야지!"
일동	(웃음)
나피디	"부장님은 단골집 다니실 때마다 돈이 엄청 많이 들겠어요.(웃음)"
부장님	"이상하게 있잖아, 쌀 살 돈은 없어도 술 먹을 돈은 있더라고."
나피디	"쌀 살 돈으로 술 드신 거죠."
부장님	"그런가?"
일동	(웃음)

📋 **마츠다의 참견**

간단한 안주로 오뎅이나 치킨 라멘을 추천. 오뎅 맛은 매우 '슌데루(しゅんでる, 맛이 깊이 잘 뱀)'하고, 치킨 라멘은 일본 원조 인스턴트 라멘 맛 그대로다.

だいじょうぶです。

다이죠부데스

뭐든 다 괜찮아지는
오랜만의 낙원.

영업 종료 시간까지 술 무한 리필, 셀프 노미호다이 이자카야

나미헤이 波平

흥을 돋우는
아주 간단한 방법.

나피디 "굉장한 게 쓰여 있죠?"

부장님 "2시간 이후로는 무료…."

일동 (웃음)

❖**주요 메뉴**

· 浜焼き 해산물 구이
　└ ホタテ 가리비
　└ かにみそ甲羅焼き 게장 등딱지 구이
　└ 子持ちししゃも 알밴 열빙어
　└ 炙り明太子 구운 명란젓
　└ コーンバター 콘버터

· あさり酒蒸し 바지락 술찜
· 胡瓜スティック 오이절임

회사 근처에는 괜찮은 가게가 많다. 점심이 특히 맛있는 집, 저녁에 반주하기 좋은 집, 편한 분위기로 회식하기 좋은 집 등등 가게마다 꼭 가야 하는 이유도 가지각색이다. 사무실 앞에 위치한 '나미헤이'도 회식하기 좋은 곳으로 정평이 나 있다. 술을 무한대로 마실 수 있는 노미호다이(飲み放題)이기 때문에 직원 여러 명과 함께하는 회식에도 상대적으로 부담이 덜하다. 물론 친한 동료와 단둘이 마시기에도 더할 나위 없이 좋다.

노미호다이는 해석하면 '술 무한 리필'이다. '노미(飲み)'가 '마시다'라는 뜻의 '노무(飲む)'에서 파생된 단어인 만큼 엄밀히는 음료를 포함해 모든 종류의 마실 것을 무한으로 마실 수 있다는 의미를 지닌다. 어떤 종류를 얼마나 무한으로 제공하는지는 가게마다 다른데, 인원수당 비용을 받거나 시간을 제한하거나 하는 방식이 대부분이다.

나미헤이는 시간으로 제한을 두는 곳이다. 30분에 299엔으로 노미호다이를 즐길 수 있는데, 1시간이 되면 600엔, 2시간이 되면 1,196엔으로 누적 시간별 가격이 따로 정해져 있다. 여기서 가장 중요한 점은 2시간이 지난 후부터는 영업을 종료할 때까지 추가 요금이 붙지 않는다는 것이다.

주종은 생맥주와 하이볼 등 비교적 젊은 층이 좋아할 만한 주류로 다양하게 준비돼 있다. 그렇다 보니 나이가 지긋한 어르신보다 젊은 세대에게 인기 있다. 한 가지 특이한 건 노미호다이가 셀프라는 점인데, 받은 컵을 가지고 직접 술

을 따르러 가야 한다. 마치 샐러드 뷔페처럼 가게 한쪽에 술을 따라주는 기계가 구비되어 있다. 컵을 씻는 곳이 따로 있기 때문에 도중에 주종을 바꾸고 싶으면 컵을 씻은 후 따르면 된다. 번거롭다면 직원을 불러 컵을 바꿔달라고 요청할 수도 있다.

이곳이 젊은 친구들의 회식 장소로 각광받는 데는 매우 저렴한 안주 가격도 한몫한다. 해산물을 즉석에서 구워 먹을 수 있는데, 대부분 199~399엔 정도다. 물론 양이 매우 적기 때문에 한두 개 시켜서는 배가 차지 않고, 가게에서도 1인당 2개씩은 주문하는 것을 룰로 정해 가짓수는 어느 정도 시켜야 한다. 하지만 기본적인 일본의 물가와 노미호다이까지 생각했을 때 매우 저렴한 곳이라는 건 부정할 수 없다. 요약하면, 술은 굉장히 좋아하나 안주는 별로 먹지 않는 사람이 2시간 이상 마셨을 때 본전 제대로 뽑을 수 있는 곳이다.

셀프 노미호다이 코너에서 하이보루를 따른 부장이 테이블로 돌아온다.

부장님　"내가 설마 하이보루가 없을까 하고 찾아봤더니…."

나피디　"하이보루가 있었어요?"

부장님　"응! 레버를 당기래. 그러면 '하이보루가 데마스(하이보루가 나옵니다)'래."

일동　　(웃음)

오늘은 '부장님 서비스'를 해줄까 싶어 팀원들의 술을 따르러 몇 번 왔다 갔다 했더니 의도치 않게 관절이 땅겨오는 듯한 기분이다. 그 짧은 동선을 몇 번 왕복했다고 벌써 이렇게 지치나 싶지만, 쿨하게 인정하기로 했다. 처음 들어올 때야 노미호다이로 제대로 마셔주겠다 호기를 부렸지만, 1시간 정도 지나니 솔직히 슬슬 귀찮아진다. 그렇다고 막내만 시키는 것도 내키지 않아 테이블에 앉은 채로 편하게 주문할 수 있는 아츠캉(熱燗)을 시키기로 했다. 노미호다이만 먹는 것보다 조금은 손해겠지만 그래도 안주가 저렴하고 맛있어 아깝다는 생각은 들지 않는다.

부장님 "(직원을 부르며) 여기 아츠캉 있나요?"

직원 "180ml와 360ml 중 어떤 걸 드릴까요?"

부장님 "360ml로 아주 뜨겁게 부탁합니다."

직원이 주문을 받아 간다.

부장님 "(어색하게 웃으며) … 그래, 시켜 먹자~"

일동 (웃음)

부장님 "(웃음) 어우, 나 이제 가지러 가는 거 힘들어. 맥주랑 하이보루는 충분히 마셨으니까. 근데 저기 소주 탄산와리도 있더라. 그건 이따가 한잔 더 먹자."

동호 "부장님, 이 가게의 단점을 찾았어요."

부장님   "단점? 뭐?"

동호   "막내들은 죽어날 것 같아요."

일동   (웃음)

김 과장   "그런데 일본도 그렇게 막내들이 알아서 왔다 갔다 한다 해요?"

부장님   "당연하지. 일본이라는 나라야말로, 꼰대 같은 얘기라서 하기는 좀 그런데, 카미자라는 자리가 있어. 한국말로 상석. 술자리에서 윗사람이 앉는 자리야. 문에서 제일 먼 곳 중 가운데 자리. 제일 아래 사람이 제일 끝에 앉는 거야. 그래야 주문이나 시키는 걸 다 하지. 그래서 일본 회사에서 거래처끼리 만나 같이 들어가면 서로 카미자에 앉으라고 언쟁 아닌 언쟁이 벌어져. 그 자리를 서로 양보하려고 '이야이야, 코치코치' 상황이 벌어지지.(웃음)"

왁자지껄한 가게 분위기가 새삼 마음에 든다. 조용한 이자카야나 분위기 좋은 바도 괜찮지만, 가끔은 이렇게 시끌벅적한 곳에서 동료들과 허물없이 이야기를 나누는 것도 내가 가장 사랑하는 것 중 하나다. 내일만 돼도 어떤 이야기가 오갔는지 기억하지 못할 번잡한 술자리일 뿐이지만, 이토록 기분이 좋았던 것만은 며칠이 지나도 절대 잊히지 않을 것이다.

🧳 **마츠다의 참견**

사시미보다는 구이가 더 맛있다.

もう一軒行こう。

모 잇켄 이코

달아오른 흥은
절대로 꺼지게 놔두지 말 것.

주인장표 닭꼬치, 야키토리 오마카세 이자카야

스미야 코바코 炭屋 こばこ

야키토리에 진심인 사람만 갈 수 있는
신비한 작은 상자.

부장님 "이야, 내가 정말 맛있는 집만 골라서
다니는데, 어깨를 겨누네."

김 과장 "어우, 그 정도예요?"

부장님 "(끄덕이며) 맛있다…."

❖주요 메뉴

· 焼鳥 닭꼬치
  └ ささみ 닭 가슴살
  └ せせり 목살
  └ ねぎま 다릿살, 파
  └ ずり 닭똥집
  └ こころ 염통

· ガリトマト 토마토 초절임
· やげん軟骨の梅水晶
  가슴 연골 매실 무침
· 玉ネギ丸焼バターのせ 양파 버터 구이
· 濃厚とりスープ 진한 닭 수프

　일본 직장인은 유독 안주로 야키토리를 선호하는 경향이 있다. 양은 적어도 어떤 술이든 부담 없이 담백하게 즐길 수 있기 때문이다. 그래서 일본에는 야키토리 집이 많은데, 곳곳에 널린 만큼 아무 곳에나 들어가면 낭패를 보기 쉬우니 더 조심해야 한다. 단순히 닭 고기를 꼬치에 끼워 굽는 쉬운 음식이라고 생각하면 큰 오산이다. 오히려 조리법

이 간단한 만큼 진짜 잘하는 집을 찾아야 한다. 그렇지 않으면 간만의 여행에 좋지 않은 기억을 남기게 될 수도 있다.

맛있는 곳만 잘 고른다면 야키토리집만큼이나 가볍게 한잔하기 좋은 곳이 없다. 꽤 넓고 시끌시끌한 대형 가게도 있지만, 동네 술집처럼 아담한 가게도 많다. 그런 곳들은 대체로 두세 명 혹은 혼자서 조용히 술을 즐기는 손님이 대부분이다.

이곳 '코바코'도 예외는 아니다. 이름부터 '작은 상자'라는 뜻으로, 내부가 그다지 넓지 않아 혼자 찾아도 부담이 없다. 작은 테이블 몇 개와 카운터석이 전부다. 그동안 꽤 많은 야키토리집을 다녀봤지만, 단골로 자주 다니는 곳은 손가락에 꼽을 정도로 적다. 그런데 요즘 이 집이 계속 눈에 밟힌다. 1년 전쯤 지인에게 소개받은 곳인데, 그동안의 단골집들과 어깨를 나란히 할 정도로 단박에 내 입맛을 사로잡았다. 무엇보다 첫인상이 매우 강렬했는데, 처음으로 시킨 오마카세 5개 모둠을 모두 시오(塩, 소금) 맛으로만 내는 당찬 자신감이 마음에 들었다. 야키토리는 소금을 뿌려 먹는 '시오 맛'과 양념을 바르

는 '타레(垂れ, 양념) 맛', 두 가지로 나뉘는데, 야키토리를 잘하는지 알고 싶다면 시오 맛을 먹어보면 된다. 진짜 잘하는 집은 품질 좋은 신선한 닭고기와 좋은 소금을 사용해 비린내가 전혀 나지 않는다.

부장님　　"우리가 지금 5개 모둠을 시켰잖아? 지금 4개가 나왔는데 4개 다 시오야."

김 과장　　"…."

부장님　　"그렇다고 여기 타레가 없는 게 아니야. 정말 맛있는 야키토리 집에 가면 시오로 추천을 많이 하긴 해. 신선하고 좋은 닭을 쓰는 곳은 소금도 좋은 걸 써서 닭의 맛을 더 살리는 거지."

확실히 타레 맛도 가게마다 천지 차이이긴 하지만, 웬만한 자신감이 아니라면 모든 오마카세를 시오 맛으로 내지는 못했을 것이다. 사사미(닭 가슴살), 세세리(목 주변 살), 네기마(다릿살과 대파), 즈리(닭똥집), 코코로(염통)를 별 고민도 없이 시오 맛으로 내는 것을 보면서, 의심이 어느새 기대와 확신으로 변했다. 비린내는커녕 육즙은 담백하고 고기는 신선하다.

레몬즙을 뿌려 먹는 사사미는 굉장히 부드럽고, 세세리는 쫄깃하면서도 깊은 맛이 난다. 어디 그뿐일까. 대부분 타레로 내놓는 네기마도 짠맛이 적절하게 배어 아주 맛있다. 내가 가장 좋아하는 코코로와 즈리도 더 말할 것 없이 완벽하다. 놀라움은 여기서 그치지 않는다. 야키토리와 어울리는 술을 추천해달라고 하니 즉석에서 각양각색의 술을 꺼내 보여준다. 하나하나 자세히 설명한 후 취향에 맞는 술을 추천해주는데, 야키토리에 어울리는 술이라고 하면 일본 어디든 전국적으로 술을 모으는 듯하다. 이 사장, 야키토리에 진심이다. 마치 이 작은 공간이 야키토리 하나만을 위해 만든 요술 상자 같은 느낌이다.

부장님　"마스터, 레이슈 괜찮은 거 있나요?"

마스터가 일본 술을 병째로 꺼내 하나씩 올려놓는다. 끊이지 않고 차례 차례 나오는 모습에 부장이 박수를 치며 웃는다.

김 과장　"제일 행복해 보이는데요?"

부장님　"(웃음) 이야~ 스게! 이건 타키지마라는 술이네요. 어디 지역이죠?"

마스터　"미에현입니다."

부장님　"미에현입니까? 아…. 이건 야마구치의 간기. 그리고 사이카…."

마스터　"네, 와카야마입니다."

부장님　"와카야마의…. 그리고 이거는 유키노비진."

김 과장　"일본 전국이 다 모여 있네요.(웃음)"

이 집에는 야키토리 외에도 맛있는 안주가 많다. 조금씩 담겨 나오는 요리라 해서 '코바치(小鉢)'라고 하는데, 종류가 꽤 다양하다. 저렴하고 맛있어 술과 먹기 딱 좋으니, 야키토리와 함께 하나쯤은 꼭 먹어보기를 추천한다.

테이블에 **이치미(一味), 산쇼오(山椒), 시오(소금)**가 비치돼 있다. 종지에 각각 적당히 담아 시오 맛 야키토리를 기호에 맞게 찍어 먹는다. 다 먹고 난 후에는 테이블에 놓인 꼬치 통에 꼬치를 넣으면 된다.

토마토 초절임 토마토 위에 **가리(ガリ,** 스시집에서 먹는 생강)를 올렸다. 가리는 설탕을 탄 식초에 절인 생강을 말한다. 토마토와 가리 맛의 조화가 굉장히 절묘하다.

양파 버터 구이 양파에 버터를 발라 오븐에 넣고 구운 요리. 이게 제일 맛있다는 농담이 절로 나올 정도로 눈이 번쩍 뜨이는 맛이다.

쿠로몬 시장과 덴덴타운으로 유명한 닛폰바시 역 근처에 이런 보물이 숨겨져 있다는 건 아무도 모를 것이다. 외관이 화려하거나 크지 않아 십중팔구 무슨 식당인지도 모르고 지나쳤을 것이다. 야키토리의 기본에 충실한 동시에 트렌디한 맛을 접목한, 말하자면 적당히 진화한 야키토리집이다. 여행이라는 제한된 시간에 한 끼 정도는 충분히 내줄 만한 가치가 있는 곳이다.

부장님   "여기 사장님이 한국 사람을 그렇게 좋아한다네? 한국 친구들도 있고."
김 과장   "(웃음) 그럼 한국 분들 오시면 서비스도?"
부장님   "(웃음) 그러게, 팍팍 주시겠지?"
일동   (웃음)

💼 **마츠다의 참견**
시오 맛만큼이나 타레 맛도 굉장히 맛있다. 특히 꽁지 부위인 봉지리(ぼんじり)와 매우 귀한 부위인 츠나기(つなぎ, 대동맥)를 타레 맛으로 추천한다.

鶏口となるも牛後となるなかれ。

케코토 나루모 규고토 나루나카레

이 작은 곳에서만큼은
누가 뭐래도 닭이 으뜸.

특별한 오코노미야키, 창작 오코노미야키 이자카야

후사야 본점 冨紗家 本店

모두가 사랑한 오코노미야키.

부장님　　“내가 제일 좋아하는 오코노미야키집, ‘후사야’라는 곳이야.”

❖주요 메뉴

· 元祖豚せいろむし鍋　원조 돼지고기 세이로무시(찜) 냄비 요리
· トントン焼　톤톤야키
· キムチ焼ソバ　김치 야키소바

　　많은 분들의 사랑을 받으면 받을수록 어깨가 더 무거워짐을 느낀
다. 단순히 단골집을 간간이 소개하던 것이 어느새 판이 커져버렸다. 소
개하는 집이 많아지면 많아질수록 실수는 없는지 걱정이 꼬리를 문다.
물론 실제로 가보았거나 즐겨 다니는 곳만 소개하고 있어 그곳의 가치
에 대해선 자신 있지만, 언제 그 가치가 변할지는 알 수 없는 노릇이기
에 늘 걱정이 된다. 몇 년 전 소개한 영상을 보고 시청자분들이 방문했
다가 변한 모습에 낭패를 보진 않으실지 언제나 노심초사한다. 아무리

일본 여행이 평범해졌다 해도, 옆 동네 드나들 듯 쉽게 올 수 없는 곳이다. 한번 올 때마다 많은 시간과 돈을 투자해야 하는 만큼 여행자의 시간은 그 무엇보다 귀하고 소중하다. 그렇기 때문에 한 곳 한 곳 소개할 때마다 더 조심스러워지고 더 신중히 검증하게 된다.

그런 면에서 이곳은 너무도 자신 있게 소개할 수 있는 곳이다. 수많은 방문객을 통해 충분히 검증된 곳으로, 일본 방송과 책에 여러 번 소개된 아주 유명한 곳이다. 바로 특별한 오코노미야키를 파는 철판구이 집 '후사야 본점'이다. 일본 미디어를 많이 접하지 못한 독자분들은 조금 생소할 수도 있겠다. 하지만 조금이라도 일본 방송이나 잡지에 관심을 갖고 찾아본 사람이라면 쉽게 떠올릴 수 있으리라 생각할 만큼 '유명해서' 유명한 곳이다. 그 유명의 역사도 아주 오래됐다. 1980년대를 주름잡던 일본의 전설적인 배우 마츠다 유사쿠(松田優作)가 즐겨 찾던 곳으로도 아주 유명하다. 마츠다 유사쿠는 일본인 아버지와 재일 한국인 어머니 사이에서 태어난 한국계 일본인으로 나와 비슷한 면이 많은 인물이다. 그래서 그런지 올 때마다 그가 좋아했다는 '마츠다 유사쿠 스페셜 메뉴'를 시키는 것 같다. 가장 좋아했다는 원조 돼지고기 세이로무시(찜) 냄비 요리는 이 집 명물로 자리 잡았다. 이외에도 수많은 일본 유명인과 연예인이 이곳을 다녀갔다. 요즘 인기 있는 아이돌부터 미즈타니 유타카(水谷豊) 같은 유명 영화배우까지 다양하다. 이를 증명하듯 실내에 유명 인사들의 사인이 빼곡히 걸려 있다.

원래 이곳은 창작 오코노미야키를 만드는 곳으로, 독자적인 맛을 지향한다. 매일 문을 연 지 15분 만에 만석이 되기 때문에 꼭 예약해야 허탕치지 않는다. 복고풍 커피숍 같은 독특한 분위기를 자랑하는 내부는 최대 100명까지 수용할 수 있을 만큼 넓다.

이곳의 인기 메뉴는 단연 톤톤야키. 이곳만의 창작 오코노미야키로, 넘버원 메뉴다. 특제 참마와 돼지고기, 양배추만 넣어 구운 후 마지

막에 달걀로 감았다. 일반적인 오코노미야키와는 다른, 여기서만 볼 수 있는, 부드러움과 바삭바삭함이 공존하는 맛이다. 다른 메뉴로 김치 야키소바도 빼 놓을 수 없다. 일본의 유명 어쿠스틱 기타 듀엣인 곤티티(ゴンチチ)가 이 야키소바를 먹고 남긴 희대의 명언으로 유명해진 메뉴다. "이것을 먹지 않고 죽지 마라."

부장님   "여기로 모신 이유가 오코노미야키랑… 이 집 명물이 또 하나 있어요. 세이로무시라는 건데 돼지고기를 나베에다 찐 음식이에요. 여기는 코스로 먹으면 딱 좋은 집이거든요."

일동   "(둘러 보며) 스타들 사인이 많네요."

부장님   "여기는 뭐, 각종 스타는 다 왔을 거예요."

미디어에 많이 노출되었다고 해서 언제나 정답은 아니다. 어떤 곳은 기대가 실망으로 바뀌는 곳도 있다. 개인적으로도 공공연히 알려진 곳보다는 나만 아는 소소한 맛집을 소개하는 것을 더 선호하기도 한다. 그럼에도 오사카를 방문했다면 다른 데는 제쳐두고라도 여기만은 꼭 가봤으면 한다. 가는 것이 힘들다면 알고 있기라도 했으면 좋겠다. 그만큼 오사카의 오코노미야키를 이야기할 때 결코 빼놓을 수 없는 기념비적인 곳이다. 오사카 미식 여행은 이곳을 알기 전과 후로 달라질 것이다.

📋 **마츠다의 참견**

마츠다 유사쿠가 좋아했다는 원조 돼지고기 세이로무시(찜) 냄비 요리는 2인분부터 시킬 수 있다.

これを食べずして死ぬな!

코레오 타베즈시테 시누나!

아직 우리에겐 먹어야 할 것이 많다!

골목의 밤이 쏟아지는 노상 술집, 야키니쿠

카라카라테이 からから亭

숯불 화로구이에
노을이 탄다.

김 과장   "그래서 이 우라난바라는 데가 회사원들이 많이 찾아오는 덴가요?"

부장님   "회사원들도 많고, 시간대에 따라서 또 달라. 지금은 회사원분들인 거 같은데, 젊은 친구도 많아. 또 할아버지, 할머니도 많고. 진짜 여기는 남녀노소 불문하고 그냥 간단하게 즐길 수 있는, 싸고 맛있고…. 여간 뭐, 비싼 메뉴도 있지만 싸잖아, 대체적으로?"

❖주요 메뉴

· ホルモンセット 곱창 세트
· バラ 우삼겹
· ハラミ 안창살
· タン 우설

오사카의 낭만은 해가 지기 직전에 본격적으로 시작된다. 학업과 일을 마친 대학생과 샐러리맨이 하나둘 골목으로 스며들 때 가게 불이 하나씩 켜지고 거리가 활력으로 가득 차기 시작한다. 너 나 할 것 없이 하루 내내 막혔던 숨을 거침없이 토해내는 사람들로 골목이 달궈진다. 가장 대표적인 곳이 바로 우라난바다.

우라난바의 '우라(裏)'는 '뒤'라는 뜻이다. 풀이하자면 난바의 뒷동네라는 뜻인데, 공식적인 지명은 아니다. 10여 년 전에 생긴 별칭으로, 난바 역과 닛폰바시 역을 잇는 큰 도로 '센니치마에도리' 뒤쪽을 일컫는다. 2008년 리먼 쇼크 당시 급속도로 침체된 이 동네를 어떻게든 살려보고자 '우라난바 MAP'이라는 걸 만들어 먹거리 길을 조성한 게 그 시작이다. 그때만 해도 식당 몇 군데 있는 게 다였는데, 점점 사람이 모이고 활력이 붙더니 지금의 모습을 갖추게 되었다. 이제는 택시를 타도 우라난바라고 말하면 내비게이션 없이도 데려다준다. 그렇게 손때 묻고 인정 넘치는 이 골목에 해가 저물기 시작할 때면 약속이라도 한 듯 사람들이 하나둘 모이기 시작한다.

이 동네의 가장 큰 특징은 부담이 없다는 것. 한곳에 오래 앉아 계속 마시는 것보다 여러 집을 건너다니며 간단히 한잔하는 곳이다. 그만큼 가격도 저렴한데, 우라난바에서 1차만 하고 가는 경우는 별로 없고 대부분 2차, 3차까지 즐긴다. 메뉴는 다양하지만, 제일 많은 건 역시 야키니쿠다. 어디를 들어가도 중간은 하는 집이 많다. 그중에서도 나

는 주로 이곳 '카라카라테이'를 자주 찾는다.

카라카라테이는 노포 느낌 물씬 나는 야키니쿠집이다. 실내에도 자리가 있지만 야외에도 테이블이 놓여 있어 시원한 바람을 쐬며 숯불구이를 즐길 수 있다. 고기를 주문하면 테이블 위로 숯불 화로를 통째로 가져다준다. 한국은 보통 테이블에 화로나 버너가 설치돼 있는 것이 일반적인데, 일본은 그렇지 않다. 화로를 통째로 테이블에 올려놓고 먹는 일이 대부분이다. 그런 차이점이 또 다른 재미를 준다. 은색 테이블 위에 당당히 자리 잡은 화로를 무심히 보니 오래 사용한 듯 군데군데 낡은 부분이 눈에 띈다. 그것마저 고기의 맛을 돋워준다.

고기는 다양하게 시킨다. 나는 어딜 가든 다양하게 시키는 걸 선호한다. 야키니쿠는 양이 푸짐한 스타일은 아니기 때문에 여러 부위를 조금씩 맛볼 수 있어 좋다. 호르몬(곱창) 세트, 우삼겹, 안창살, 우설을 한번에 시키고 나마비루 타임을 시작한다. 선선한 밤공기에 머리를 식히며 유유히 맥주를 마시다 보면, 어느새 주문한 고기가 차례차례 테이블에 놓여 있다.

순서대로 하나씩 화로에 올린다. 제일 맛있는 건 누가 뭐라 해도 우설이다. 메뉴에는 보통 우설과 상급 우설로 나뉘어 있는데, 일부러 상급을 시켰다. 사시미가 같이 나오기 때문이다. 너무 오래 구우면 맛이 떨어진다. 적당히 구워 노릇노릇해졌을 때 한 점 집어 바로 입으로 옮긴다. 역시 우설은 어딜 가든 맛있다. 내 취향이다. 듬성듬성 대강 잘라 나온 고기의 모양도 오히려 더 맛을 돋운다. 고기를 균일하고 예쁘게 잘라 내는 고급 고깃집에서는 느낄 수 없는 맛이다.

나 피디 "화로는 지저분한데 고기는 깔끔하게 잘 나오네요."

부장님 "이 사람아, 이건 지저분하다고 하는 게 아니야. 이걸 아지(맛)라고 하는 거야, 아지."

나 피디 "(웃음) 아지…."

부장님 "이게 깨끗해봐, 맛이 없어."

마츠다의 참견

안창살은 보통보다 상급을 시키는 걸 추천.

사실 야키니쿠는 개인적인 추억이 많이 깃들어 있는 음식이다. 한창 철이 없을 무렵인 20대 시절, 늘 가던 야키니쿠집이 있었다. 밤 10시부터 문을 열어 3~4시간만 장사를 하는 아주 신비스러운 곳이었다. 아저씨 혼자 운영하는 투박한 곳이다 보니 그곳을 찾는 손님도 대부분 아저씨뿐이었는데, 지금의 나처럼 양복 차림을 하고 많이 지쳐 보이는 샐러리맨이었다. 어디선가 한잔 걸친 후 마무리로 그 집을 찾던 사람들. 나도 예외는 아니었다. 거나하게 취했을 때는 꼭 그 집을 들렀는데, 항상 안창살 2인분에 공기밥, 그리고 기린 맥주 한 잔이 나만의 세트였다. 그렇게 하면 딱 3,400엔이다. 언제나 3,400엔만 놓고 나왔기 때문에 지금까지 기억이 난다. 불현듯 스치는 옛 추억을 안주 삼아 나마비루를 연거푸 마신다. 이 집은 옛날 그곳을 참 많이 생각나게 한다.

부장님 "동호야, 너 맥주는?"

동호 "저는 못 먹어요."

부장님 "(놀라며) 왜?"

동호 "운전해야 돼서요."

부장님 "(웃음) 마셔, 내가 대리 불러줄게."

일동 (웃음)

부장님 "마셔, 마셔."

나 피디 "지금 이 숯불구이에, 이 경치에…. 마실 수밖에 없어."

부장님 "이런 분위기에 어떻게 안 먹을 생각을 했어?(웃음)"

나마비루에서 하이볼로 주종을 바꿔 시간을 즐겁게 흘려보내다 보니, 어느새 주위가 어두컴컴해지기 시작한다. 우라난바의 진면목이 제대로 드러나는 시간이다. 밤하늘에 띄운 낭만. 여기저기에서 새어 나오는 왁자지껄한 소리 위로 어느새 별이 아름답게 떠 있다. 숯불 연기가 별들 사이로 아지랑이처럼 흩어진다.

星が本当にきれいじゃないか。

별 한 번에
고기 한 점.

지나가는 길에 들르는 집, 요리미치

칸유 밋짱 韓湯 みっちゃん

오늘 오사카에
한국의 정이 꽃핀다.

부장님	"한국 요리 아냐, 이거?"
나 피디	"중국식 아니에요?"
부장님	"에이, 무슨 중국에 육개장이 있어? 육개장이랑 꼬리곰탕이 다 있네. 어, 잠깐만 있어봐. 생염통이 있는데? 이거 생으로 먹는 곳은 진짜 드물어. 일단 국물에 참이슬 한잔 먹고 가자."

❖ **주요 메뉴**

- ユッケジャンスープ 육개장
- テールスープ 곰탕
- 豚足 족발
- キムチ盛り 김치 모둠

- チャミスル 참이슬

일본에는 '요리미치(より道)'라는 말이 있다. 풀이하면 '지나가던 길에 잠깐 들르는 곳'이란 의미로, 가볍게 잠깐 들러 끼니를 때우거나 한잔할 수 있는 이자카야 혹은 노포를 말한다. 오사카 곳곳의 골목을 걷다 보면 이런 유의 요리미치 이자카야를 자주 볼 수 있다.

'칸유 밋짱'도 지나가다 우연히 들르게 된 요리미치 중 하나다. 간판에 아예 요리미

치라고 크게 적어놨는데, 가게 이름보다 더 크다. 멀리서 봐도 확연히 눈에 띄는 네 글자는 술이 부족한 직장인의 마음을 남몰래 요동치게 하기에 충분하다. 하지만 맛이 없다면 두 번 다시는 가지 않을 터. 그런데 이곳은 맛까지 좋다. 그러다 보니 한번 알게 된 뒤로는 지날 때마다 자연스레 들르게 됐다. 말 그대로 진정한 요리미치인 셈이다.

입구의 대형 메뉴판에 낯익고 그리운 메뉴가 가득 적혀 있다. 처음에는 잘못 본 건가 싶어 여러 번 읽어봤지만, 아무리 눈을 비비고 봐도 틀림없는 한국의 육개장과 곰탕이다. 쌀쌀한 계절에 숨겨두었던 향수와 그리움이 고개를 쳐들 무렵, 오사카의 골목에서 예고 없이 한국을 만났다.

가게 앞에 놓인 야외 테이블에 자리를 잡는다. 이런 가게는 별이 내리는 골목을 감상하며 한잔할 수 있어 좋다. 심지어 오늘 메뉴는 뜨끈한 육개장과 곰탕이 아닌가. 바람이 차가우면 차가울수록 뜨끈한 국물이 위

벽을 더욱 덥혀줄 것이다.

　육개장과 곰탕을 하나씩 시키면서 잊지 않고 참이슬도 주문한다. 이 조합을 오사카에서 볼 수 있다는 것만으로도 이곳은 나에게 보석 같은 곳이다. 오랜만의 한국식 술상에 한껏 오른 흥을 기분 좋게 느끼며 주인이 내준 잔에 소주를 따른다. 잔 모양이 참 특이하다. 신세대 술잔인지, 소주잔이 하트 모양이다. 술맛을 돋우는 두꺼비 캐릭터까지 야무지게 그려져 있다. 나랑은 어울리지 않는다는 걸 아는데도 이상하게 아저씨 마음이 동한다. 한국과 관련된 것만 봐도 그냥 마음이 뿌듯해지나 보다. 하트 소주잔을 시작으로 문득 주위를 둘러보니 귀여운 소품이 꽤 많다. 호빵맨 테이블보, 하트 소주잔, 귀여운 캐릭터 앞접시. 젊은 남자 사장님의 귀여운 안목에 기분 좋은 웃음이 터진다. 내 취향은 아니지만, 그래도 유쾌하다. 이런 스타일의 술상도 가끔은 재미있구나, 생각하며 단숨에 한 잔을 들이켠다. 일본 술과는 또 다른 목 넘김에 그리움이 단박에 채워진다.

김 과장	"(곰탕을 먹으며) 와, 진짜 맛있다! 이거 엄청 진하다."
부장님	"이거 두 달 정도 곤 것 같다."
나 피디	"이렇게 만들기가 쉽지 않은데…. 사 오신 거 아닌가?(웃음)"
부장님	"(한입 더 먹으며) 대박! 가만있어봐, 육개장도 한번…. (육개장을 먹고) 대박인데, 이거? 나는 솔직히 말하면, 맵긴 해도 곰탕보다 육개장이 더 좋아."
나 피디	"아예 기대를 안 했거든요?(웃음)"
부장님	"나도.(웃음) 매운데, 매운데 맛있다!"
마스터	"맛은 괜찮나요?"
부장님	"메챠 우마이! 엄청 맛있어요! 이거 엄청 오래 고았죠?"
마스터	"네."
부장님	"…인스탄토?"
마스터	"이야이야이야~ 아니에요.(웃음)"
일동	(웃음)

어느새 마스터까지 합세해 술잔을 비운다. 취향만큼이나 성격도 아주 유쾌하다. 일본어를 잘한다고 나를 칭찬하는 마스터한테 조금밖에 할 줄 모른다고 농을 치며 너스레를 떨었다. 평소 같으면 그다지 재밌지 않을 농담도 오늘은 이상하게 재밌다. 한번 올라간 입꼬리가 오랫동안 내려올 줄을 모른다. 인정해야 할 것 같다. 여느 때와 다르게 오늘은 유달리 더 신이 나고 들뜬다. 매운 걸 좋아한다는 말에 고민 없이 내주는 청양고추 서비스를 받았을 때는 울컥하기까지 했다. 오사카의 평범한 거리에서 생각지도 못한 한국을 만나서일까. 한국 음식, 한국 소주, 그리고 재일 교포 3세 사장님까지. 나를 한국인으로 생각하는 그의 시선이 눈물 나게 좋다. 일상에서 고향이라는 선물을 받았다.

　　지나가다 들르는 곳, 요리미치. 많고 많은 요리미치가 있지만 이곳은 조금 더 특별하다. 고향에 대한 그리움이 마음에 깃들 때마다 들르는 곳. 그리고 지난 시간을 다시 꺼내볼 수 있는 곳. 칸유 밋짱은 어쩔 수 없는, 새로 만난 나의 간이 고향이다.

🗂 **마츠다의 참견**

족발과 김치 모둠도 있다. 한국어 메뉴판 참고.

酒は心のもと。

사케와 코코로노 모토

마음속 일렁이는 바람에
기꺼이 바치는 한 잔의 술.

내리는 별 하나에 고기 한 점, 야키니쿠집

야키니쿠 호르몬 만센

焼肉ホルモン 万千

장르가 오사카.

부장님   "여기가 생긴 지는 별로 안 됐어요."

준하   "여기 분위기가 너무 좋은데?"

부장님   "그렇죠?"

❖ **주요 메뉴**

· はらみ 안창살
· 塩タン 우설 소금구이
· ツラミ 볼살

오사카의 수많은 야키니쿠집 중 이곳을 특히 더 애호하는 이유는 매우 좁고 불편하기 때문이다. 몇 평 안 돼 보이는 아주 작은 공간에 테이블이 다닥다닥 붙어 있는 작은 이자카야. 옆 사람과 팔이 스칠 것처럼 가깝게 앉아 불편하게 먹어야 한다. 자리가 별로 없어 언제나 기다려야 하는 수고로움까지 있다. 그래서 더 가고 싶고 생각나는 곳이 바로 '야키니쿠 호르몬 만센'이다.

오사카에서 야키니쿠집을 찾는 것은 서울에서 김 서방 찾는 것과 같다. 꽤 많기 때문에 힘들여 찾지 않아도 주위를 둘러보면 반드시 한 곳 정도는 눈에 띈다. 아주 넓고 쾌적한 곳도 있고, 자리가 넉넉해 겉옷을 벗고 편하게 앉을 수 있는 곳도 있다.

하지만 그런 곳은 도통 기억에 남지 않는다. 나쁘지 않은 분위기, 나쁘지 않은 맛이었음에도 다시 그곳을 찾아갈까 생각해보면 '굳이'라는 단어부터 떠오른다.

야키니쿠 호르몬 만센은 그런 곳들과는 정반대인 곳이다. 옆 사람과 너무 가깝고 자리도 좁아 불편하기만 한데도 또 생각이 나고 다시 가고 싶어진다. 아마 이곳이 쾌적하고 넓었다면 지금처럼 많은 사랑을 받지는 못했을 것이다. 여러 손님이 좁은 곳에 옹기종기 모여 앉아 야키니쿠를 열심히 굽고 열심히 먹는 모습, 누구는 나마비루를 시키고 누구는 하이볼을 시키는 생생한 모습이 지금 내가 일본에 있음을 다시 한번 상기시킨다. 관광객을 상대로 깔끔하게 차려놓은 곳보다 이곳이 더 마음에 드는 이유는, 여기에서는 날것의 일본을 그대로 느낄 수 있기 때문이다. 여기에 입에서 살살 녹는 야키니쿠의 맛까지 한몫한다.

　난 이곳의 야외 테라스를 특히 사랑한다. 여느 이자카야와 다르게 이곳은 야외 테라스도 카운터석으로 이루어져 있다. 역시 아주 좁아 4명만 앉을 수 있는데, 그렇게 좁은 이 자리가 나에게는 특등석처럼 느껴진다. 이 야외석에 앉아 하이볼을 마시고 있으면, 마치 포장마차와 이자카야 그 중간쯤에 앉아 있는 듯한 느낌이 든다. 야외석은 경우에 따라 화로를 올려놓고 직접 구워 먹을 때도 있고, 주문한 고기를 주인이 직접 구워 내주는 경우도 있다. 언제나 사람이 만석인 곳이기 때문에 후자의 경우가 요즘은 더 많다. 그러다 보니 더욱더 진짜 일본의 포장마차에 앉아 있는 것 같다.

준하　"그런데 우설이 생각보다 좀 두껍네?"

부장님　"여기 마늘이 올려져 있잖아요? 이 마늘이 죽여요."

김 과장　"아, 마늘이 있어요?"

준하　"(고기를 굽는 부장을 보며) 아… 잘 구워야 하는데…."

　부장과 준하의 눈이 서로 마주친다.

일동　(웃음)

　고기 맛은 일품이다. 그저 이 말밖에는 더 표현할 길이 없다. 소의 여러 부위를 취급하는데, 그중 안창살과 우설 소금구이, 볼살이 가장 인기 있다. 특히 안창살은 도톰한 육질이 입안에서 삽시간에 녹는다. 쫄깃하고 부드러운 동시에 육즙이 살아 있다. 맛과 분위기, 거기에 친절한 주인과 직원까지, 삼박자를 골고루 갖춘 훌륭한 곳이다. 단 한번이라도 먹어본다면 언제나 긴 줄이 늘어서는 이유가 단박에 납득이 갈 것이다.

별빛이 흘러내리는 밤하늘 아래, 야외 카운터석에 앉아 맛있는 야키니쿠에 나마비루 한잔. 달과 술을 벗 삼아 놀았다던 이태백이 전혀 부럽지 않다. 나에게도 매일 밤 퇴근길을 밝혀주는 오사카의 달이 있고, 술이 달아지는 이런 보석 같은 놀이터가 있다. 늘 어나는 빈 접시에 서로의 기쁜 마음이 시가 되어 이리저리 흩어진다. 마냥 좋은 밤이다.

 마츠다의 참견

밥을 함께 시킨다면 갈빗살(バラ) 양념 구이를 추천. 한국인 입맛에 매우 잘 맞는다.

満月の夜。

만게츠노 요루

한 잔씩 술이 거듭될수록
더 가득 채워지는 만월의 밤.

스시를 안주로 내는 대중 스시 사카바, 스시 이자카야

스사비유 すさび湯

스시를 안주 삼아
니혼슈 한잔할 수 있는 곳.

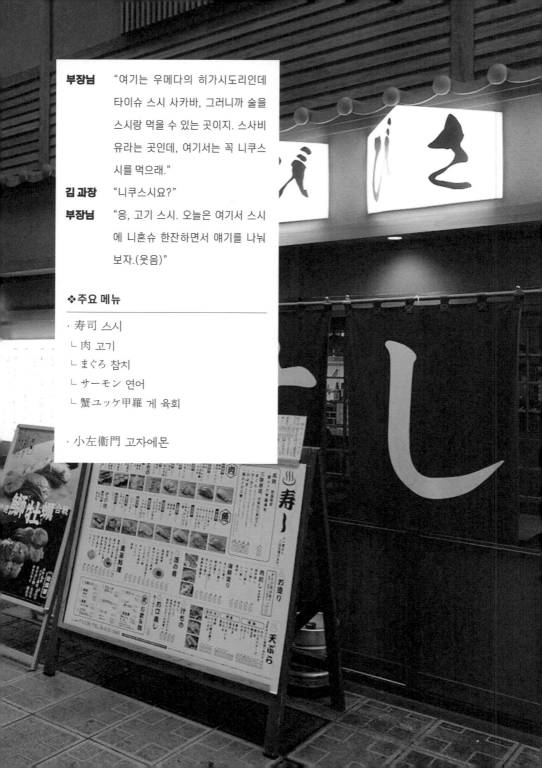

부장님 "여기는 우메다의 히가시도리인데 타이슈 스시 사카바, 그러니까 술을 스시랑 먹을 수 있는 곳이지. 스사비유라는 곳인데, 여기서는 꼭 니쿠스시를 먹으래."

김 과장 "니쿠스시요?"

부장님 "응, 고기 스시. 오늘은 여기서 스시에 니혼슈 한잔하면서 얘기를 나눠보자.(웃음)"

❖**주요 메뉴**

· 寿司 스시
　└ 肉 고기
　└ まぐろ 참치
　└ サーモン 연어
　└ 蟹ユッケ甲羅 게 육회

· 小左衛門 고자에몬

평소 안주로 가리는 것이 그다지 없는 편이지만, 조금 더 선호하는 안주는 있다. 바로 스시다. 스시는 보통 안주보다는 식사로 생각하기 때문에 나마비루 한 잔 정도를 반주로 곁들이는 것이 대부분이다. 그런데 만약 스시를 안주로 먹을 수 있는 이자카야가 있다면 어떨까. '스사비유'가 바로 그런 곳이다.

술을 스시와 먹을 수 있는 곳, 바꿔 말하면 안주로 스시를 시킬 수 있는 곳을 일본어로 '타이슈 스시 사카바(大衆寿司酒場)', 즉 '대중 스시 사카바'라고 한다. 사카바는 술집 또는 바를 일컫는다. 한마디로 스시 전문 술집이라는 뜻이다. 외관과 실내는 평범한 스시집 같다. 차이점이 있다면 주객이 전도되어 술이 아니라 스시가 주인공이라는 것뿐이다.

자리에 앉아(늘 그렇듯 내가 가장 좋아하는 카운터석이다) 먹고 싶은 스시부터 주문한다. 먹고 싶은 걸 말하고 그게 되는지 물으면 되기 때문에 메뉴판을 볼 필요도 없다. 대부분의 스시 전문점과 메뉴가 대동소이하기 때문에 웬만한 것은 다 있다. 특히 이 집은 와규로 만든 고기 스시가 유명하다. 여기 오면 반드시 시켜야 할 스시로 정평이 나 있다.

주문한 지 얼마 되지 않아 나온 고기 스시를 겁 없이 바로 입에 넣는다. 신선한 와규 육회가 입맛을 돋우는 동시에 깔끔한 담백함이 입안 가득 퍼진다. 와사비를 넣지 않는 경우가 있기 때문에 필요하다면 테이블에 비치된 와사비를 따로 넣어 먹어야 한다. 이렇게 스시에 와사비를 넣지 않은 걸 '사비누키(さび抜き)'라고 한다. 원래는 와사비를 잘 먹지 못하는 어린아이를 위한 것이었는데, 요즘에는 어른도 사비누키를 선호하는 경우가 많아지고 있다고 한다. 개인 취향의 문제인데, 그래도 나는 와사비파다.

테이블에 놓인 와사비를 뜯어 내 입맛대로 고기 스시를 즐기고 있으니 다음으로 게 육회 스시가 나왔다. 이 스시도 이 집 명물이다. 게딱지에 담아 내오는데, 보기에도 예쁘고 맛도 좋다. 이후 줄줄이 나오는 스시에 어쩐지 나마비루가 부족하게 느껴진다. 역시 스시엔 니혼슈지. 내 취향에 제대로 맞는 안주가 있으니 술도 취향을 십분 반영해 세심히 고른다. 오늘의 선택은 고자에몬(小左衛門). 원래는 쌉싸름한 맛을 좋아하지만 오늘은 특별히 숨겨두었던 달짝지근한 취향을 꺼내보기로 했다.

니혼슈는 맛에 따라 두 가지로 나뉜다. 깔끔한 맛이 나는 술은 카라구치(辛口), 단맛이 나는 술은 아마구치(甘口)라고 한다. 와인을 생각하면 이해하기 쉬운데, 맛에 따라 드라이와 스위트로 나뉘는 것과 같은 원리다.

차가운 레이슈로 시킨 술이 마스자케(升酒)로 나온다. 마스는 네모난 그릇인데, 한국에도 있다. 시장에 가면 볼 수 있는 '되'다. 옛날에 시장에 가면 쌀이나 콩을 되에 담아 파는 경우가 많았는데, 바로 그 되가 이것이다. 한 되, 두 되 할 때 그 되인데, 일본어로는 마스라고 부른다. 원래 우리가 흔히 아는 것처럼 나무로 만든 걸 사용했지만, 술이 액체다 보니 썩는 것이 문제라 요즘은 플라스틱 제품을 많이 사용한다.

이 마스에 작은 유리잔이 담겨 있는데, 그 유리잔에 종업원이 술을 따라준다. 이것을 마스자케, 우리말로는 됫술이라고 부른다. 일부러 유리잔에 술을 가득 담아 마스에 넘치도록 하는데, 마스에 술이 많이 넘칠수록 행운과 복이 따른단다. 한마디로 얼마나 술을 부어주느냐로 그 집 인심을 알 수 있는 것이다. 마시는 방법은 간단하다. 유리잔에 담긴 술부터 비우고 나서 마스에 있는 술도 마시면 된다. 유리잔에 다시 따라 마셔도 좋고, 마스째 마셔도 좋다. 보통은 이때 약간의 소금과 함께 마시는데, 니혼슈와 소금의 맛 궁합이 꽤 좋기 때문이다.

종업원이 마스자케를 따른다.

현준 "아, 이걸 마시고 밑의 것도 따라 마시는 거예요?"

부장님 "네. 여기 밑에 흐른 부분 있잖아요? 이게 많으면 많을수록 정이 많은 곳이에요."

현준 "아~"

부장님 "어, 근데 여긴… 정이 별로 없네?(웃음)"

일동 (웃음)

부장님 "이렇게 다 따른 후에는 유리잔에 입을 갖다 대고 마시는 사람도 있고, 조심히 들어서 마시는 사람도 있고… 뭐, 정답은 없습니다. 그런 후에 마스에 담긴 술을 잔에 따라 마시면 되는 겁니다."

현준 "아~ 이거째로 먹는 게 아니었구나."

부장님 "(웃음) 그거째로 마셔도 돼요. 원래는 마스자케라고 해서, 이것째로 마시는 겁니다. 여기, 입을 대는 부분에 소금을 조금 얹어서요."

현준 "소금을 얹어 먹어요?"

부장님 "니혼슈는 소금이랑 먹으면 제일 잘 어울리거든요. 가루가 아니라 굵은소금으로요."

내 잔은 살짝 덜 넘친 것 같다. 마스에 넘친 양이 조금은 성에 차지 않지만, 아쉬움을 뒤로하고 아까부터 나를 기다리고 있는 참치 스시를 향해 다시 젓가락을 가져간다. 맛있는 아카미(赤身) 부위다. 이 부위를 텐미(天身)라고도 하는데, 이게 맛있으면 그 집은 정말 잘하는 집이다. 적당히 간장에 찍어 입으로 가져간다. 역시 부드럽고 맛있다. 스시 하나에 사케 한 잔을 반복하며 혼자만의 탐미에 깊이 빠져든다.

스시를 만들지만 어쨌든 본체는 이자카야다. 스시를 좋아하는 여행자라면 술이 고플 때마다 언제든 편하게 들러 한잔하기 좋은 곳이다. 취향에 맞는 술을 골라 스시와 맛있게 즐겨보자.

📁 **마츠다의 참견**

이 집의 명물인 고기 스시와 게 육회 스시는 꼭 한번 먹어볼 것.

腐っても鯛。

쿠삿테모 타이

맛이 좋은 생선은
어떤 술에든 늘 그 맛을 유지하는 법.

철마다 다른 오징어회와 볏짚 구이, 카이센 이자카야

신후카에 구리 新深江 礁

일본에서만 즐길 수 있는
일본식 해산물 요리.

김 과장　"이거 내가 알던 그 오징어가 아닌데?"
부장님　"네가 알던 오징어가 아니지?"
김 과장　"네! 너무 예쁜데요?"
부장님　"이게 대박인 거야."

❖주요 메뉴

· イカ造り 오징어회
· カツオ藁焼き 가다랑어 볏짚 구이
· ホタテバター 가리비 버터 구이
· あじ造り 전갱이회
· 海鮮焼きそば 해물 야키소바

난바에서 조금 떨어진 곳에 신후카에(新深江)라는 곳이 있다. 지하철로 약 10분이면 갈 수 있는 동네인데, 사람들이 별로 없어 한적하다. 많은 사람이 난바나 우메다에 몰리다 보니 이런 외곽 동네는 상대적으로 유동 인구가 적다. 그러다 보니 관광지와는 달리, 곳곳에 숨어 있는 맛집을 줄을 서지 않고 편하게 이용할 수 있다는 장점이 있다.

그런데도 많이 알려지지 않아 조용히 문을 닫는 맛집이 꽤 많다. 매우 안타까울 뿐이다. 난바의 유명 식당과 견주어 전혀 부족하지 않은 맛과 가격, 친절을 갖춘 곳인데도 여행자들이 이 동네 자체를 잘 찾지 않으니 어쩔 수 없는 일이다. 비단 일본을 찾는 외국 여행자에게만 국한된 이야기가 아니다. 오사카를 찾는 다른 지역의 일본인도 난바나 우메다 같은 곳만 찾는다. 그래서 이렇게 시가지와 조금 떨어진 곳들은 끝까지 살아남기 어렵다. 그래서 간혹 마음에 드는 곳이 생겨도 곧 사라지진 않을까 겁부터 난다. 그중 하나가 바로 '신후카에 구리'다.

신후카에 구리는 해산물을 전문으로 하는 이자카야다. 이런 곳을 일본어로는 카이센(海鮮) 이자카야라고 부른다. 갖가지 해산물 요리를 즐길 수 있는데, 특히 철마다 다른 오징어회가 가장 유명하다. 오징어 외에도 가리비라든지 전갱이, 가다랑어 등 웬만한 해산물이 다 있다. 요리 종류도 매우 다양한데, 해산물 하면 가장 먼저 생각나는 생선회부터 버터 구이, 야키소바까지 여러 해산물 요리를 맛볼 수 있다.

오랜만에 찾은 신후카에 구리. 늘 상냥하게 맞아주는 종업원에게 나도 기분 좋게 인사하며 자리를 잡는다. 실내는 꽤 넓고 쾌적하다. 난바였다면 여기 가격으로 이 정도로 넓고 고급스러운 실내를 꾸미기는 힘들었을 것이다. 추측컨대 임대료가 상대적으로 낮기에 가능한 일일 것이다.

첫 잔은 역시 나마비루다. 맥주부터 간단히 시키고 본주문에 들어간다. 당연히 오징어회다. 이 집 명물로, 철마다 다른 오징어를 내놓는데 겨울에는 야리이카(화살오징어), 가을에는 아오리이카(무늬오징어), 그리고 지금 같은 여름에는 켄사키이카(창오징어)가 나온다. 계절마다 다른 오징어회를 먹는 것도 이곳에서만 즐길 수 있는 색다른 재미다.

여름철에 나오는 켄사키이카는 직역하면 검선오징어, 즉 칼끝오징어라는 의미로 한국어로 창오징어다. 한국에서 많이 먹는 한치가 바로 켄사키이카인데, 쫄깃하고 담백한 매력이 있다. 그림처럼 예쁘게 손질해 회로 떠서 내오는데, 한 점씩 집어 소금에 찍어 먹으면 참맛을 즐길 수 있다. 오징어회를 간장이나 초장이 아닌 소금에 찍어 먹는 것이 조금 낯설게 생각될 수는 있겠지만, 의외로 오징어 본연의 맛을 느낄 수 있어 꽤 맛있다. 위는 오독오독, 아래는 찰진 식감이 일품이다. 사실 진짜 맛있는 건 야리이카다. 철이 맞지 않아 이번에는 시키지 못했지만, 식감이나 단맛이 월등히 좋아 오징어 중에서 가장 맛있다. 한국에서는 화살오징어라고 불린다. 다 먹고 남은 지느러미 등은 다시 가져가 소금구이나 버터 구이, 텐푸라로 만들어 가져다준다.

이 집 명물이 하나 더 있다. 바로 와리야키. 와리야키는 볏짚(와리)에 불을 지펴 구워주는 걸 말한다. 가게 한쪽에 와리야키를 위한 볏짚 화로가 마련돼 있는데, 음식을 주문하면 그 자리에서 불을 크게 피워 직접 구워준다. 말하자면 불 쇼까지 보는 셈이다. 이렇게 볏짚 구이를 하는 데는 흔치 않다. 그릴이나 숯불에 구워주는 것이 대부분이다. 그래서 이곳이 더 귀하게 느

껴지는지도 모르겠다. 화려한 불 쇼가 끝나고 드디어 가다랑어 볏짚 구이가 테이블로 왔다. 먹음직스럽게 잘 구운 가다랑어가 군침을 돋운다. 봄부터 초여름에 잡히는 가다랑어는 기름이 거의 없어 맛이 더욱 깔끔하다. 함께 나온 마늘 슬라이스를 올리고 무즙 폰즈 소스에 찍어 그대로 입으로 가져간다. 우마이! 머리에 불꽃이 터지는 맛이다.

　이 집에는 이것만 있는 것이 아니다. 해산물로 만든 다양한 요리를 갖췄다. 향만 맡아도 기분 좋아지는 가리비 버터 구이, 술과 매우 잘 어울리는 해산물 소금 야키소바 등 뭘 시켜도 맛있는 것만 나온다. 나마비루, 하이볼, 이모(고구마) 소주 할 것 없이, 맛있는 음식 앞에서 여러 종류의 술이 당긴다. 해산물을 맛있고 배 터지게 먹으면서 맘껏 술 한잔할 수 있는 곳. 한국의 횟집과는 또 다른 일본의 해산물 이자카야에서 미처 못 둘러본 오사카의 다른 모습을 찾아보는 건 어떨까.

📁 **마츠다의 참견**

소주 소다와리를 마실 때는 탄산에 얼음을 빼달라고 하자. 얼음이 녹아 탄산이 밍밍해진다.

부장님   "여기처럼 시내에서 조금 떨어진 곳이 많아. 그런 곳은 굳이 소개를 해도 오기 좀 불편하고 하니까…. 그런데 솔직히 여기는 '이런 집은 잘돼야 한다'는 생각이 있었어."

나 피디   "난바 쪽에 완전 집중돼 있으니까…. 오히려 그런 곳에는 일부러 갔는데 음식도 맛이 없고 고생만 했다는 여행자도 많아. 조금만 벗어나면 되는데. 여기 진짜 10분이면 오는데."

부장님   "맞아, 조금만 벗어나도…. 지금 밖에 사람 하나 안 다니잖아. 주민분만 자전거로 왔다 갔다 하고. 나는 진짜 이런 걸 아예 시리즈로 했으면 좋겠어. 조금만 떨어져도 이렇게 좋은 분위기의 맛집이 있다는 걸 알리는."

김 과장   "그런데 미지의 공포라는 부분이 굉장히 큰 허들로 작용하기 때문에…."

부장님   "미지의 뭐?"

김 과장   "미지의 공포요."

부장님   "(손가락을 탁 튀기며) 야, 우리 그거 시리즈로 가자! 미지의 공포 시리즈! 미지의 공포를 타파해드립니다!"

일동   (웃음)

부장님   "…이런 거 참 좋은 거 같아. 뭐, 시내에서 벗어났다고 다 맛있는 건 아니지만…. 그 안에서 맛집을 소개해주는 거. 참 좋은 거 같아."

鯛も一人で食べればうまくなし。

타이모 히토리데 타베레바 우마쿠나시

모두와 같이 즐기고 싶은

숨은 보석.

우메다의 모든 샐러리맨이 모이는 곳, 오코노미야키 이자카야

겐키 げん気

일본 오지상의 작은 아지트.

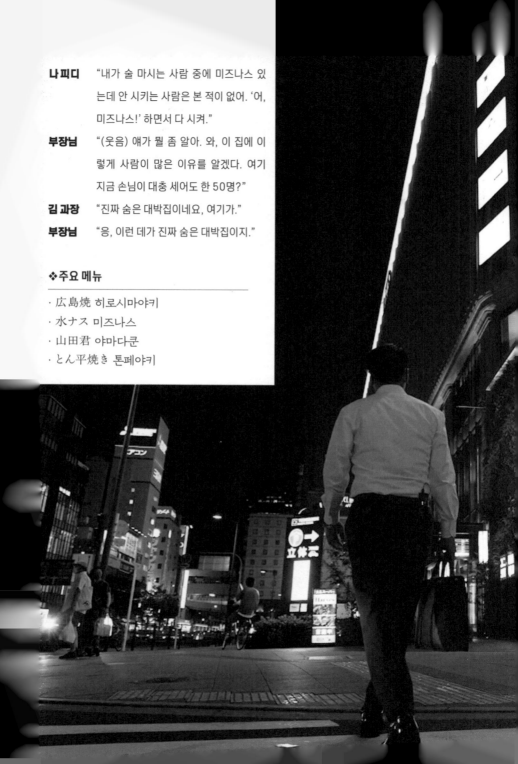

나피디 "내가 술 마시는 사람 중에 미즈나스 있
는데 안 시키는 사람은 본 적이 없어. '어,
미즈나스!' 하면서 다 시켜."

부장님 "(웃음) 얘가 뭘 좀 알아. 와, 이 집에 이
렇게 사람이 많은 이유를 알겠다. 여기
지금 손님이 대충 세어도 한 50명?"

김 과장 "진짜 숨은 대박집이네요, 여기가."

부장님 "응, 이런 데가 진짜 숨은 대박집이지."

❖주요 메뉴

· 広島焼 히로시마야키
· 水ナス 미즈나스
· 山田君 야마다쿤
· とん平焼き 톤페야키

　언제나 많은 직장인이 모이는 동네, 우메다. 오사카의 샐러리맨이 모이는 우메다에 여행자와는 전혀 맞지 않는 로컬 이자카야가 한 곳 있다. 날것 그대로의 현지 분위기. 퇴근 후 기분 좋게 한잔 즐기는 샐러리맨 오지상의 사람 냄새 나는 작은 술집 '겐키'다.

　중년 직장인들이 하루의 피로와 시름을 모두 뒤로하고 "내일은 잘되겠지!"라 외치며 모이는 곳이라 그런지 이름부터 예사롭지 않다. '기운 나다'라는 뜻의 '겐키'다. 여기서 좋아하는 술과 맛있는 오코노미야키를 먹으며 왁자지껄 스트레스를 풀면 또다시 건강한 내일을 시작할 수 있다는 의미일까. 여럿이 술을 즐기며 열심히 떠들고 웃는 어지러운 공간에 오지상들의 강렬한 열기가 녹아든다.

　예쁘지도 않고 넓지도 않은, 오히려 야생의 느낌까지 나는 작은 이자카야지만, 늘 찾는 사람들로 북적여 초만원을 이룬다. 자리가 없어 돌아가는 일도 허다하다. 한쪽 벽에 가득 붙어 있는 유명 인사들의 인증숏과 사인이 이곳의 인기를 한눈에 보여준다. 여기가 왜 이렇게 인기 높은지 궁금한가? 한번 와보면 바로 알 수 있다. 단 10분 만에 이곳의 매력에 흠뻑 빠질 것이다. "일본인들은 퇴근 후 간단하게 즐기는 걸 좋아하는 게 아니었어?"라며 놀랄지도 모른다. 오코노미야키가 주메뉴인 것만 빼고 완벽하게 한국의 일반 노포 술집을 연상시킨다. 그래서 더 정감이 가는지도 모르겠다. 이런 생생한 서민풍 술집을 좋아하는 사람이라면 남녀노소 누구나 즐길 수 있다.

　오늘은 로또라도 사야 하는지, 운 좋게 자리를 얻어 기다리지 않고 바로 들어왔다. 간발의 차로 뒤늦게 온 다른 손님이 그냥 돌아간다. 정말 운이 좋았다. 주위의 시끌벅

적 즐거운 소리에 저절로 흥이 올라간다. 나마비루를 먼저 시키고 벽에 걸린 메뉴를 보며 주문할 것을 고른다. 인기별로 메뉴 순위를 매겨놓았기 때문에 처음 온 사람도 쉽게 주문할 수 있다. 각각 1위와 2위라고 적힌 야마다쿤과 톤페야키를 시키고, 이 집 명물인 히로시마야키도 하나 시킨다. 메뉴를 자세히 보니 요즘 찾기 힘든 미즈나스도 있다. 고민 없이 바로 추가한다. 너무 많이 시켰나 하는 생각도 들지만, 이런 맛집에 오면 먹고 싶은 건 꼭 먹어야 직성이 풀리는 성격이니 어쩔 수 없다. 차례차례 나올 음식들 생각에 벌써부터 침이 고인다.

나마비루를 마시며 조금 기다리니 미즈나스부터 차례로 음식이 나온다. 미즈나스는 직역하면 물가지다. 일본에는 가지로 만든 요리가 매우 많다. 내 '최애' 음식 중 하나도 가지 요리다. 그중에서도 동그랗게 생긴 물가지를 정말 좋아한다. 수분이 많아 씹으면 즙이 나오는데, 생맥주와 굉장히 잘 어울린다. 조금 특이한 건 대부분 소금에 절여 내는 게 보통인데, 이 집은 생으로 내온다는 것이다. 그런데 오히려 이게 더 내 취향이다. 요즘 일본에서도 보기 힘든 귀한 미즈나스를 최대한 아껴 먹으며 나마비루를 벌컥벌컥 마신다. 말 그대로 '꿀맛'이다.

다음은 히로시마야키. 비록 인기 순위 1위는 아니지만, 이 집의 명물이다. 비유하자면 인기 순위보다 그 위에 존재하는 독보적인 메뉴라고 할 수 있다. 히로시마야키는 히로시마의 오코노미야키를 말하는데, 오사카의 오코노미야키와는 조금 다르다. 밀가루를 많이 넣어 '코나몬(粉もん, 가루로 만든 음식)'이라고 불리는 오사카의 오코노미야키와 달리, 히로시마야키는 약 90%가 양배추로 이루어져 있다. 그래서 먹었을 때 속이 더 편하고 밤늦은 시간에 먹어도 죄책감이 덜하다. 수북한 양배추 산 위에 밀가루 반죽

을 아주 얇게 붓기 때문에 마치 채소 튀김을 먹는 듯한 기분이다. 맛은 맛대로 좋아, 누구든지 맛있게 먹을 수 있다.

생각보다 큰 히로시마야키에 놀라며 안쪽부터 야무지게 먹다 보니, 어느새 1위와 2위가 나왔다. 1위는 바로 야마다쿤. 마를 삶아서 튀긴 요리다. 맥주나 하이볼과 함께 간단히 먹기 좋다. 2위는 톤페야키. 한국어로 풀이하면 삼겹살 계란말이로, 계란말이 안에 얇은 삼겹살이 들어 있는 일본 음식이다. 대충 보면 간단한 듯 느껴지지만, 집집마다 맛이 다를 정도로 꽤 높은 요리 실력을 요하는 음식이다. 한입 베어 문다. 이 집 주방장도 꽤 좋은 실력을 갖춘 것 같다. 고기는 바삭하게 익었는데 계란은 부드럽다. 담백하고 고소한 계란이 짭조름한 삼겹살의 맛을 중화해 좋은 하모니를 이룬다. 그래, 이건 하이볼이다. 무언가에 홀리기라도 한 듯 하이볼을 시킨다.

이 집이 참 마음에 드는 이유 중 하나는 바로 센스다. 모든 음식에 센스가 있다. 하이볼도 예외가 아니다. 일본에서 쉽게 찾을 수 있는 술이 하이볼이지만, 이 집처럼 살얼음으로 얼린 프로즌 하이볼은 좀처럼 보지 못했다. 외관은 투박한데 음식과 정성에 감성 풍부한 센스가 녹아 있다. 톤페야키 한입에 시원한 프로즌 하이볼을 들이켜니 전신의 피로가 삽시간에 녹는다.

부장님 "원래 김 과장 입맛이 초딩 입맛이거든? 떡볶이 좋아하고….
(히로시마야키를 가리키며) 그런데 김 과장이 이게 맛있다잖
아. 그건 초딩 입맛까지 잡은 맛이라는 거야."

일동 (웃음)

부장님 "대박인 거지. …아휴, 내가 진짜 오늘 술을 안 먹으려고 했는
데…."

김 과장 "네?(웃음)"

부장님 "오늘이 무슨 요일이야, 수요일이잖아? 수요일 저녁에 이렇게
손님으로 꽉 찼다는 게…. 솔직히 지금 우메다 역 앞에도 사람
이 없는데 여긴 이렇게 꽉 차 있다는 건 대박집이라는 거야."

나 피디 "역시 부장님이 맛집을 잘 알아."

부장님 "…뭐, 그런 말을 또 새삼스럽게 해.(웃음)"

일동 (웃음)

부장님 "건배!"

　사실 여기도 여행자들이 지나치기에 딱 좋은 곳이다. 외관이 특출난 것도 아니고 크고 화려해 눈에 띄는 것도 아니다. 현지 맛집이라 해외 미디어에 많이 소개되지도 않았다. 하지만 일본에 사는 나로서는 이런 곳이야말로 여행자들에게 꼭 알려주고 싶다. 숨은 진주 같은 곳이랄까. 조개가 입을 열 듯 말 듯 벌리고 있어 아무도 그 안에 아름다운 진주가 있는지 모른다. 이렇게 만인에게 알림으로써 나만의 아지트가 또 하나 사라지겠지만, 한 명이라도 더 진짜 일본을 느끼고 간다면 괜찮다, 충분하다.

🧳 마츠다의 참견

하이볼은 꼭 마셔보길 추천. 프로즌 하이볼이 나온다.

棚から牡丹餅。

타나카라 보타모치

어쩌면 아주 가까이에 있는
'생각지도 못한 행운'.

츠루하시에서 만난 최고의 오코노미야키

후게츠 風月

잠시 쉬었다 가기 좋은 곳.

부장님 "이렇게 그냥 아무 대책 없이 들어오고 싶은 데를 들어오는 게 재밌는 것 같아."

나피디 "우리가 어떻게 보면, 영상을 찍으면서 어쩔 수 없이 협업이나 홍보를 해야 하는 경우도 좀 있었잖아. 그런 거에 서로들 지쳐 있었으니까."

부장님 "맞아. 그런데 사실 아직도 어색하기는 해. 그냥 우리끼리 밥 먹으러 왔는데 카메라 켜는 게."

나피디 "어색하지."

부장님 "나는 지금 이거, 카메라 들고 다니는 것도 너무 창피해 죽겠어.(웃음)"

나피디 "앞으론 들고 다니지 말고 가슴에 달고 다니면 돼요."

부장님 "아, 진짜? … 그게 더 창피해!(웃음)"

❖주요 메뉴

─────────────────────────────

· ミックスお好み焼き 믹스 오코노미야키
· げそ塩焼き 오징어 다리 소금구이

갑자기 문득 어느 길로 가야 할지 모르겠을 때, 지금까지 걸어온 길과 앞으로 가야 할 길의 방향이 서로 모호해질 때 나는 츠루하시를 찾는다. 한국에서 학창 시절을 보낸 나에게는 비유하자면, 마음의 고향 같은 곳이다. 편의 시설도, 시원한 에어컨도 없는 오래되고 좁은 한인 타운 시장이지만, 이것저것 구경하며 걸으면 어지럽던 마음이 진정되고 내 뿌리가 선명해지는 듯한 기분이 든다. 뿌리가 선명해지면 고민은 답을 찾기 마련이다. 어느 방향으로 가지를 낼지 고민이 되는 것은 뿌리가 모호해졌기 때문이니까. 이곳에서는 나, 마츠다 아키히로, 전명호의 뿌리가 다시금 고스란히 자리를 잡는다. 머리가 맑아지는 동시에 오랫동안 나를 괴롭혀온 고민이 단번에 씻겨나간다. 앞으로 내가 가야할 길과 방향이 츠루하시 시장 골목 위로 뚜렷하게 그려진다.

가끔씩은 이곳에서 동료와 함께 나마비루 한잔을 즐기곤 한다. 일본에 건너와 함께 동고동락하는 한국인 동료와 이 얘기 저 얘기 하다

보면 어느새 '우리'가 함께 나아갈 방향이 굳건해진다. 평범한 한 잔의 나마비루지만, 그 안에는 포부와 앞으로의 계획, 그리고 우리만의 동료애가 진득하게 녹아 있다. 오늘도 그런 날 중 하나다. 우리 팀의 든든한 기둥, 나 피디와의 한잔이다. 평소와 별반 다를 것이 없어 보이는 동료와의 '한잔 나들이'지만, 서로 말하지 못한 해묵은 고민과 걱정을 씻어내기 위한 일종의 의식 같은 자리다.

이럴 땐 미리 정해놓은 집으로 가는 것이 아니라 걷다가 눈에 띄는 곳으로 들어가는 것이 좋다. 특히 왁자지껄한 츠루하시 시장 골목에서는 이런 '미지의 즐거움'이 한층 배가된다. 이번에도 골목 양옆으로 즐비하게 늘어선 김밥, 떡볶이, 붕어빵 같은 한국 먹거리를 재미있게 구경하며 적당한 곳을 눈으로 고른다. 오늘도 역시 굉장히 마음에 드는 곳을 찾았다. 딱 보기에도 허름한 서민풍의 작은 오코노미야키집이다. 분위기도 메뉴도 오늘 내 기분에 딱이다. 역시 이 맛에 츠루하시를 찾는다.

메뉴판을 들여다보며 한껏 들떠 뭘 시킬지 고민하고 있는데, 나 피디가 화들짝 놀란다. 막간을 이용해 이곳을 검색해보니 굉장히 유명한 맛집이란다. 츠루하시에서 가장 유명한 맛집이라니, 지나가다 우연히 들른 곳치고 얼결에 홈런 친 셈이다. 오코노미야키 말고도 메뉴가 제법 다양한데, 그중 가장 인기 있어 보이는 믹스 오코노미야키와 오징어 다리 소금구이를 시키고 맥주를 시켰다.

조금 기다리니 테이블 위 철판에 오코노미야키 반죽과 오징어 다리를 각각 양옆으로 놓고 함께 구워준다. 나름 평범한 메뉴라고 생각했는데, 나온 모양새를 보니 전혀 평범하지 않다. 오코노미야키는 밀가루보다 양배추가 많고(이게 뭉쳐질까 싶을 정도로 양배추가 많다), 오징어 다리는 웬만한 성인 남성의 엄지손가락과 비슷한 굵기다. 다시 한번 메뉴판을 확인해본다. 이 가격에 이 정도 퀄리티라니, 생각지

도 못한 횡재다.

　원래 소스 맛으로 먹던 오코노미야키인데, 이 집은 소스 없이 먹어도 맛있다며, 먹어본 오코노미야키 중 제일 맛있다며 연신 엄지를 치켜세우는 나 피디의 모습에 내 마음까지 흐뭇해진다. 맛있게 먹는 모습을 보니 내가 만든 것이 아닌데도 기분이 좋다. 병맥주 사이즈도 이 집의 매력이다. 이런 데에서는 '중' 자 병맥주가 나오는 것이 보통인데, 여기는 맥주까지 통이 크다. 한눈에 봐도 '대' 자다. 그렇게 생각지도 못한 맛있고 기분 좋은 곳에서 우리가 지금까지 어떤 길을 걸어왔는지, 앞으로는 어떤 길로 가야 할지를 허심탄회하게 주고 받는다. 서로 온 곳은 다르지만 뿌리는 같다.

　문득 내 오랜 단골집이 생각난다. 지금도 자주 가는 집 앞의 이자카야인데, 한번도 룸 테이블에 앉아본 적이 없다. 혼자 가서 늘 카운터석에 앉아 마스터와 오늘의 술에 대해 담소를 나누며 하루를 정리하고 조용히 피로를 푸는 것이 나만의 루틴이자 소소한 활력소다. 언제 어느 때 가도 꼭 아는 얼굴 하나쯤은 앉아 있기 때문에 혼자 가도 심심하지 않다. 그렇다고 시끌시끌하게 떠들며 노는 분위기가 아니라 조곤조곤 대화를 나누며 조용히 마시는 분위기다. 여기는 그곳만큼이나 정겨운 곳이다. 지글지글 익는 오코노미야키 소리가 묻히지 않을 정도의 적당한 소음과 야키소바 하나를 시켜놓고 혼자 맥주 한잔하는 나이 지긋한 할머니까지. 누구든지 잠깐 들러 쉬었다 가도 전혀 문제되지 않는 곳. 나에게는 모든 것이 완벽하다. 처음 와봤지만 항상 왔던 듯 익숙한, 조용한 떠들썩함이 있는 서민들의 풍류 맛집. 오늘은 츠루하시에서 오사카의 블루스에 취한다.

부장님 "지금 우리에게 필요한 게 무엇일까?"

나피디 "…구독자를 더 늘리고 이런 것보다는 시청자분께 조금 더 가까이 다가갈 수 있는 무언가를 만들어야 하지 않을까."

부장님 "그게 굉장히 중요하다고 생각했거든. '100만까지 됐으니까 이제 됐어' 가 아니라. 왜냐하면 그 안에는 우리를 안타까워하시는 분도 계시고 질려 하시는 분도 분명 있을 테니까."

나피디 (고개를 끄덕인다)

부장님 "그렇다고 계속 새로운 거를 할 수도 없는 거고. …아마 의리 때문에 남아 계시는 분도 많을 거야."

나피디 "나는 그게 반이라고 봐."

부장님 "그런 분들이 아쉬움이 더 많으시겠지. '이 사람들 다른 쪽으로 가고 있는데'라든가…. 그런 의미에서 이번에 잠깐 쉬기로 한 건 솔직히 아주 잘한 일 같아. 지금 정비하고 가지 않으면 우리는 많이 진부해졌을 거야."

💼 **마츠다의 참견**

오코노미야키 위에 고춧가루를 뿌리면 또 다른 맛을 즐길 수 있다. 오코노미야키를 먹을 때마다 짜장 라면에 고춧가루 뿌리듯 듬뿍 뿌려 먹는 나만의 비법이다.

今向かっています。

이마 무캇테이마스

꼬불꼬불하지만 그래도….

아무도 찾지 못하는 일본인들의 오아시스

돈가메 どんがめ

가끔은 미지의 공포를 즐기는 것도 좋다.

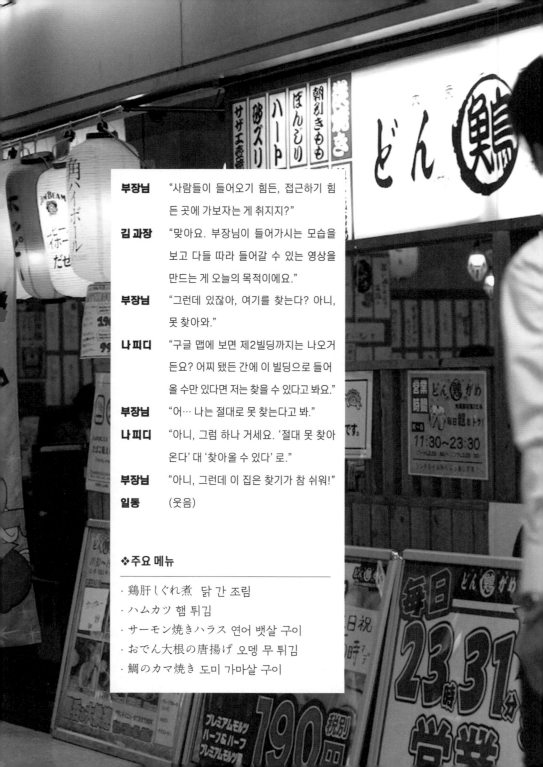

부장님 "사람들이 들어오기 힘든, 접근하기 힘든 곳에 가보자는 게 취지지?"

김 과장 "맞아요. 부장님이 들어가시는 모습을 보고 다들 따라 들어갈 수 있는 영상을 만드는 게 오늘의 목적이에요."

부장님 "그런데 있잖아, 여기를 찾는다? 아니, 못 찾아와."

나 피디 "구글 맵에 보면 제2빌딩까지는 나오거든요? 어찌 됐든 간에 이 빌딩으로 들어올 수만 있다면 저는 찾을 수 있다고 봐요."

부장님 "어… 나는 절대로 못 찾는다고 봐."

나 피디 "아니, 그럼 하나 거세요. '절대 못 찾아온다' 대 '찾아올 수 있다' 로."

부장님 "아니, 그런데 이 집은 찾기가 참 쉬워!"

일동 (웃음)

❖ 주요 메뉴
___

· 鶏肝しぐれ煮 닭 간 조림
· ハムカツ 햄 튀김
· サーモン焼きハラス 연어 뱃살 구이
· おでん大根の唐揚げ 오뎅 무 튀김
· 鯛のカマ焼き 도미 가마살 구이

　계획한 대로 척척 진행되는 완벽한 여행이라면 얼마나 좋을까. 하지만 결국 여행은 라이브이고, 사람은 완벽할 수 없다. 아무리 철저하게 준비하고 분초를 나눠 상세하게 계획한다 해도 비행기에서 내리는 순간부터 예상치 못한 것들의 습격을 버텨내야 하는 것이 바로 여행이다. 그럼, 여행은 무섭고 힘든 거냐고? 아니, 그 반대다. 언제나 계획이 틀어지고 기대하지 않은 일이 불쑥 찾아오기에 여행은 즐겁다. 일상에서는 잘 겪어보지 못할, 이를테면 '미지의 공포'를 여행에서는 틈만 나면 겪는다. 그래서인지 여행하면서 겪은 경험은 언제나 잊지 못할 최고의 추억으로 기억된다. 그것이 좋았든 나빴든 간에.

　음식도 그렇다. 시간 내고 돈 내서 마음먹고 온 여행에 누구나 다 간다는 유명 맛집을 예약했으니 최고의 여행인 것 같은가? 나는 빼곡히 적어 온 그 많은 맛집 리스트 중 하나 정도는 과감히 지워보라고 권하고 싶다. 적어도 한 끼는 여행서에 소개되지 않은 현지의 '아무 곳'에 가봤으면 한다. 현지인만 가는, 바꿔 말하면 굳이 여행자는 가지 않는 곳이야말로 여행을 더 깊이 있게 만들어줄 것이다.

　오사카역 앞 빌딩(大阪駅前ビル, 오사카 에키마에 비루) 제2빌딩

지하 1층에 위치한 왁자지껄한 이자카야 '돈가메'도 그런 곳이다. 연식이 좀 있는 건물이라(나랑 나이가 비슷하다) 이발소, 악기점 등 옛 향수를 느낄 수 있는 작은 점포가 많은데, 돈가메도 그런 분위기에 한몫하는 곳이다. 복고풍이라 할까, 서민풍이라 할까, 점심부터 낮술 하는 사람들을 심심찮게 볼 수 있는 대중적인 이자카야다. 오전 11시 30분에 오픈해 저녁 6시 30분까지 생맥주를 190엔, 하이볼을 99엔에 판매하기 때문에 밤낮없이 논베(のんべえ, 술꾼)들의 애정을 듬뿍 받는다. 한번은 팀원을 데리고 와 술이고 안주고 실컷 먹은 적이 있는데, 나갈 때 계산서를 보니 2,980엔이었다. 한국 돈으로 10만 원어치는 먹었겠지 싶을 정도로 많이 먹고 마셨는데 웬만한 1차보다 적게 나온 것이다. 그런 곳이 바로 돈가메다. 지갑의 무게에 관계없이 언제, 어느 시간에 찾아도 부담 없이 즐겁게 취할 수 있는 곳. 여행자들이 절대 알지 못하는 나만의 단골집이다.

부장님　"봐라, 아까 들어올 때 시간이 1시 18분이었나? 꽉 차 있었잖아."

동호　"낮술 하는 사람이 왜 이렇게 많아요?"

부장님　"그런데 사실 아까는 점심시간이 조금 남은 시간이라서⋯. 11시 30분부터 3시까지인가가 여기 점심 타임이야. 그래서 점심 드시는 분도 많아. 이 시간까지 남아서 한잔하고 계시는 분들은 하루가 긴 분들이지."

일동　(웃음)

부장님　"참 여러 부류가 많지, 여기에."

　　메뉴는 웬만한 이자카야 안주를 모두 갖춘 수준이다. 먹고 싶은 메뉴를 골라 주문하는 것도 좋지만, 이런 데서는 오스스메(おすすめ, 추천 메뉴)를 활용하는 것도 좋은 방법이다. 노란색 종이에 오스스메라고 크게 적혀 있는데, 대부분 하나당 500엔 정도라 부담이 없다.

닭 간 조림 닭의 간을 짭조름한 양념으로 간했다.

연어 뱃살 구이 이 가격에 이 메뉴가 이렇게 먹음직스러운 모습으로 나온다니, 놀라울 정도로 만족스러운 메뉴다.

햄 튀김 서서 마시는 선술집 타치노미를 대표하는 대중적인 이자카야 안주. 한국에 달걀 입힌 소시지가 있다면, 일본에는 햄 튀김이 있다. 한마디로 추억의 맛.

어쩌다 여행자를 만날 때면 꼭 하는 당부가 있다. "쫄지 마라." 미리 세워두었던 계획이 틀어지지 않도록 노력하는 것도 좋지만, 앞서 말했듯 현지에서는 어떤 '라이브'한 일이 생길지 모를 일이다. 계획과 다른 일이 갑작스럽게 생길 수도 있고, 처음 보는 곳에 가서 생전 들어보지 못한 음식을 먹어야 할 수도 있다. 그렇다 해도 결코 쫄지 않기를 바란다. 미지의 공포는 비록 무섭지만 새로운 즐거움을 준다. '현지에서 부딪혀 보는 여행'이 선사하는 색다른 신선함과 재미를 그대로 느껴보기를 바란다. 우연히 들어간 식당이 욕이 나올 정도로 맛이 없다 해도 그 또한 언젠가 애틋한 추억이 될 것임을 잊지 말기를.

부장님	"만약 내가 일본어를 하나도 모른다고 쳐. 봐봐. (종업원을 부른다) 스미마
	셍! (추천 메뉴를 가리키며) 코레 젠부."
종업원	"아, 젠부?"
부장님	"하이."

종업원이 돌아간다.

김 과장	"일본어 안 하신다면서요."
부장님	"…쫄지 마!"
일동	(웃음)
부장님	"(웃음)'젠부(전부)' 정도는 알 거 아냐. '오스스메(추천)'나…."
유나	"그러다가 실패하면 어떡해요?"
부장님	"실패도 다 추억이야.(웃음)"

💼 **마츠다의 참견**

이런 유의 이자카야는 한국어나 영어 메뉴가 없는 경우가 많다. 그럴 때는 표현 하나만 기억하자. '오스스 메 아테 미쯔 쿠다사이'. '추천 안주 3개 부탁합니다' 라는 뜻이다.

今日は晴れていますね。

쿄와 하레테 이마스네

우산 없이 소나기를 만난대도.

소개하고 싶은 미식 동네

나카자키쵸 中崎町

카페 거리에서 찾은 미식 지도.

김 과장   "여기가 생각보다 맛집 같은 게 아주 많더라고요."

부장님   "응, 맞아."

김 과장   "진짜. 이상할 정도로."

'나카자키쵸'는 여행자들에게 많이 알려진 동네라 오사카에서도 많은 사람들이 찾는다. 감각적이고 아기자기한 카페가 모여 있어 '카페 거리'로 불리며 젊은 층에게 많은 인기를 얻고 있다. 오랜 추억이 묻어 있는 거리가 이렇게 대중에게 각광받고 사랑받는다는 것이 더할 나위 없이 기쁘지만 조금은 아쉬운 마음도 있다. 카페가 몰린 예쁜 거리로만 알려지기엔 숨겨진 보석이 너무도 많기 때문이다.

나카자키쵸는 우리 팀 김 과장이 2013년부터 지금까지 10년 넘게 살고 있는 동네다. 그때는 김 과장과 형 동생 사이였다. 내가 아직 30대였던 시절로, 믿어질지 모르겠지만 오픈카를 타고 다니는 혈기 왕성할 때였다. 그때 김 과장이 워킹 비자로 일본에 건너와 기숙사 생활을 하고 있었는데, 일본어를 잘 못할 때라 애를 많이 먹었다. 그러다 한번은 지내고 있는 기숙사에 따라가본 적이 있는데, 엉망진창이었다. 대부분의 기숙사 컨디션이 그렇듯 그다지 좋지 않을 거라고 예상은 했지만, 그곳은 예상보다도 더 심했다. 그렇지 않아도 말 하나 통하지 않는 이국땅에 와서 혼자 고생하는 모습이 안쓰러운데, 그런 열악한 곳에서 지내는 모습을 보니 더는 안 되겠다 싶었다. 결국 크지는 않아도 기숙사보다는 편하게 지낼 수 있는 작은 방을 하나 마련해주었고, 그것이 인연을 더욱 깊게 하는 계기가 되었다. 그러다 얼마 지나지 않아 김 과장이 나카자키쵸로 오게 되었다. 그때부터 김 과장의 나카자키쵸 라이프가 시작된 것이다.

아련한 옛 추억을 어렴풋이 떠올리며 오랜만에 김 과장과 나카자키쵸 산책에 나섰다. 이 동네를 대표하는 '텐고나카자키도리(天五中崎通) 상점가'를 둘이 걸으며 '그땐 그랬지' 타임에 들어간다. 여기서는 어떤 걸 먹었고, 원래 뭐가 있었고 요즘은 뭐가 좋고. 텐고나카자키도리 상점가에는 생각보다 맛집이 많다. 한 집 건너 한 집이 줄 서서 먹는 집이다. 대부분의 여행자들이 카페만 보며 이 맛집들을 지나칠 때 현지 사람들은 유명한 맛집에서 시간을 보낸다.

그중에서 손에 꼽을 만한 몇 군데를 소개해보자면 '치카라모치(力餅)'와 '코마이치(こまいち)', '야키토리 스미스(焼鳥 スミス)', 그리고 '타코야키 우마이야(たこ焼き うま

い屋)'가 있다. 치카라모치는 오사카에 몇 군데 있는 매우 유명한 식당인데, 각각 독립된 식당으로 체인점이 아니다. 그중에서 이곳의 치카라모치가 유명한 건 이곳에만 카레면이 있기 때문이다. 전국에서 카레 면 먹으러 많은 사람들이 이곳에 온다. 여기만의 명물이다. 또 다른 인기 맛집인 코마이치는 김 과장과 즐겨 가던 우동 맛집이다. 근처에서

술 한잔 걸치고 꼭 들러 우동으로 해장하던 곳이다. 한잔하기 좋은 이자카야도 있다. 야
키토리 스미스다. 이곳 상점가에서 후기와 평점이 가장 높은데, 언제 가도 사람이 바글
바글하다. 새벽 5시까지 영업하는 것도 매력적이다.

평점 높은 곳으로 둘째가라면 서러운 곳이 한 곳 더 있다. 바로 타코야키 우마이야인데, 잠깐 들러 타코야키 한 접시에 맥주 한 잔 마시기 딱 좋은 곳이다. 4대째 내려오는 70년 된 타코야키집으로 다른 타코야키집과는 다른 도구를 쓴단다. 타코야키는 소스를 뿌린 것과 뿌리지 않은 것, 두 가지 맛이 있다. 주인아저씨의 친절함이 잔뜩 묻어 있어 그런지 어느 맛을 먹어도 입안에서 살살 녹는다. 타코야키 속 다시(국물)의 맛과 그 안에 수줍게 숨어 있는 문어의 맛이 절묘하게 어울린다.

부장과 김 과장이 서로 먼저 맥주를 따르려 옥신각신한다.

부장님　"받아, 받아. 동네 주민이 먼저 받아야지."

김 과장　"(마지못해 술을 받으며) 그러면 또 감사히 받겠습니다.(웃음)"

이번엔 반대로 김 과장이 부장에게 맥주를 따라준다. 부장이 두 손으로 받는다.

김 과장　"부장님, 편하게 받으세요."

부장님　"아유, 아닙니다. 동네 주민이신데….(웃음)"

좋은 사람과의 자리는 언제나 즐겁다. 늘 한결같은 모습으로 곁에 있어주는 동료처럼 언제 와도 포근하게 안아주는 거리의 햇살에 몸을 맡긴다. 오늘만큼은 한껏 여유를 부리며 옆에 있는 사람과 도란도란 이야기를 나누며 천천히 걸어본다. 사람, 추억, 맛있는 요리, 시원한 맥주. 완벽한 하루였다.

마츠다의 참견

소개하지 않은 식당 외에도 맛있는 집이 꽤 많으니 여유롭게 동네를 둘러보며 시간을 보내볼 것.

とてもとても古い友人。

토레모 토레모 후루이 유진

즐거운 곳에서는 날 오라 하여도
내 쉴 곳은 우리 동네뿐.

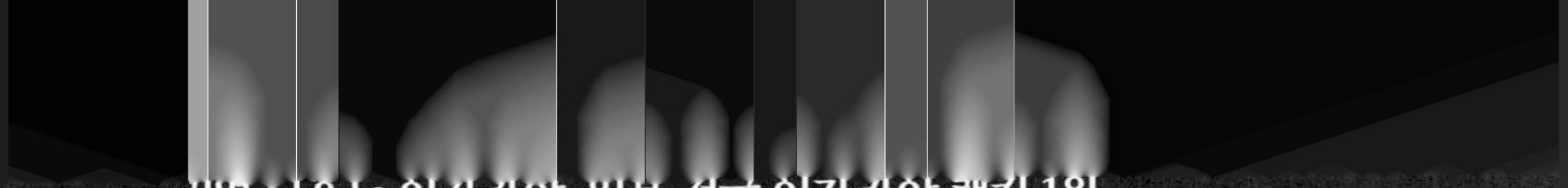

리얼 니혼노 이자카야, 일본 전국 이자카야 랭킹 1위

쇼쿠도 오가와 食堂おがわ

운이 좋으면 들어갈 수 있는
단 하나의 이자카야.

　오사카는 쿠이다오레(食い倒れ), 교토는 키다오레(着倒れ). 즉 오사카는 먹다가
망하고 교토는 입다가 망한다는 일본의 옛말이 있다. 그만큼 먹거리가 풍부한 오사카는
미식의 도시로, 옛 수도인 교토는 멋의 도시로 불린다. 이렇게 다른 두 지역인 만큼 음
식에서도 다른 점이 많다.

　오사카는 바다를 끼고 있어 생선이 풍부했다. 또 항만이 있어 교역이 원활해 고기
등 먹거리가 다양했다. 그래서 지금처럼 여러 음식이 발달할 수 있었다. 반면 교토는 산

부장님 "일본 전국에서 이자카야 평점 1위니까 들어올 때 굉장히 좀… '와, 어떤 집일까?' 했지."

나피디 "전 좀 긴장됐어요."

부장님 "아, 그래? 나는 긴장이라기보다는 기대감이 굉장히 컸지."

❖**주요 메뉴**

· なまこ酢 해삼초
· たいの白子煮 도미 알 조림
· 南蛮漬け 난반즈케
· うどてんぷら 두릅 튀김

※ 매일 재료에 따라 달라짐

이 많아 상대적으로 채소 요리가 발달했는데, 지금도 교토의 고급 와식당에 가보면 채소 본연의 맛을 살린 교토 요리를 쉽게 찾아볼 수 있다. 절에서 먹는 사찰 음식인 '쇼진 요리(精進料理)'가 교토 요리의 근본이다.

이처럼 오사카와는 다른 매력을 지닌 교토에 일본에서 가장 유명한 이자카야가 있다. 일본 전국에서 평점이 제일 높은 곳이자 교토 이자카야 여행의 성지 '쇼쿠도 오가와'다.

이 집은 생선 요리 전문 이자카야로 일본에서 가장 가기 힘든 이자카야 중 하나로 유명하다. 일본의 맛집 플랫폼인 타베로그 점수 4.28점, 구글 평점 4.4점이라는 매우 높은 기록을 지니고 있다. 타베로그에서 3.4점만 받아도 엄청난 맛집으로 인정받는 걸 감안하면 굉장한 기록이다. 미슐랭 레스토랑 등 1인당 2만~3만 엔에 달하는 매우 고가의 고급 레스토랑도 4점 초반이다. 그런 점에서 아주 작은 이자카야가 그렇게 높은 평점을 받았다는 것은 굳이 먹어보지 않아도 음식 맛을 알 수 있다는 뜻이다.

그런 인기 덕분인지, 이곳은 예약하지 않으면 아예 들어갈 수 없다. 문제는 1년 전부터 늘 예약이 꽉 차 있다는 것이다. 올해 예약도 1년 전에 모두 마감됐을 정도다. 일본인 중에서는 이곳의 예약 날짜에 맞춰 일부러 교토 여행을 준비하는 사람도 있다. 상황이 이렇다 보니 해외에서 온 여행자는 더욱 접근하기 어렵다. 하지만 아주 간혹, 정말 운이 좋은 날에는 당일 캔슬된 자리가 나오는 천재일우의 기회가 있는 경우도 있다.

오늘은 나에게 운이 아주 좋은 날이다. 지인이 초대해준 덕분에 그동안 말로만 듣던 이곳에 들어올 수 있었다. 오래전에 예약을 잡고 나를 초대해준 지인에게 말로는 다 못할 고마움을 느낀다.

실내는 예상했던 것과 정반대 모습이다. 많이 작은 데다 동네에 흔히 있는 이자카야 분위기다. 하지만 친근하면서 세련됐다. 자리는 주방을 끼고

U자 형태로 배치된 카운터석이 전부. 13명만 앉을 수 있다. 이러니 밖에서 아무리 기다려도 자리가 나지 않았구나 싶다. 메뉴는 해산물 위주다. 그렇다고 회만 있는 것이 아니라 해산물을 이용한 샌드위치나 파스타 같은 퓨전 요리도 있다. 이 메뉴는 매일 들어오는 재료에 따라 조금씩 달라진다. 계절에 따라 다양한 재료와 요리를 선보인다. 어차피 여기는 오마카세가 유명한 만큼 메뉴판이 중요하지는 않다. 그날 가장 좋은 재료로, 자신들이 가장 자신 있는 요리를 내주는 오마카세야말로 이곳의 진면목을 제대로 볼 수 있는 메뉴다.

첫 번째는 해삼 요리다. 식초에 살짝 절였는지 새콤한 맛이 난다. 원래 알던 해삼이 맞는지 몇 번이나 물어봤을 정도로 엄청 두툼하다. 너무 두툼하다 보니 질기지는 않을까 내심 걱정했는데, 기우였다. 굉장히 부드럽다. 일반 해삼의 딱딱한 식감이 아니다.

부장님	"(주방장에게) 이거 해삼인가요?"
주방장	"네, 해삼입니다."
부장님	"뭐라고 불리는 해삼인가요?"
주방장	"그냥 평범한 붉은 해삼입니다."
부장님	"평범한 붉은 해삼이요? 그럼 특별한 조리 방법이 있는 건가요?"
주방장	"소쿠리 안에 해삼이랑 돌을 넣어서 30분 정도 소쿠리를 잡고 흔듭니다."
부장님	"흔들어요? 흔드는 것뿐입니까?"
주방장	"네, 그렇게 충격을 줘서 부드럽게 만듭니다."
부장님	"…우와…."

해삼에 놀라고 있으니 곧이어 낯선 해산물 한 접시가 나온다. 무엇인지 물어보니 도미 알이란다. 대구탕에 넣은 대구 알은 먹어봤어도 도미 알은 처음이다. 해삼에 놀랐기 때문인지 걱정보다는 기대가 커진다. 한입 물어본다. 아주 깊은 맛이 나는 동시에 매우 깔끔하다. 어떻게 표현할까 고민하다 가장 적합한 단어를 찾았다. '맛있다'다. 다른 미사여구가 필요 없을 정도로 그냥 맛있다. 그뿐이다.

이쯤 되니 시원한 하이볼 생각이 간절해진다. 어쩐지 나마비루보다는 하이볼이 더 잘 어울릴 듯싶다. 요청한 하이볼이 나오자마자 참지 못하고 바로 한 모금 마셔보는데, 목에 다 넘기기도 전에 "우와" 소리부터 나온다. 맛있어도 너무 맛있다. 과장 조금 보태 세상 모든 하이볼을 다 마셔봤지만, 이렇게 맛있는 하이볼은 태어나 처음이다. 맛있다는 말을 연발하니 주방장이 베이스가 되는 술을 보여준다. 글렌모렌지(Glenmorangie)라는 위스키다. 이게 맛의 비법인가 한참을 들여다보며 홀짝홀짝 마시고 있는데, 문득 다른 손님을 위해 하이볼을 만드는 주방장의 모습이 눈에 들어왔다. 얼음 하나도 그냥 넣지 않고 신중하게 넣는 모습에 넋을 잃고 집중하게 된다. 얼음을 물에 한번 담갔다가 하이볼에 넣는데, 얼음이 들어가는 순간 탄산이 뿜어져 나온다. 그래서일까, 다른 하이볼과는 다르게 마실 때 탄산이 아주 곱다. 반드시 비결이 있을 거라고, 꼭 나중에 물어보겠다고 다짐하고 있을 때 다음 요리가 나왔다.

난반즈케. 기름에 튀긴 생선에 새콤달콤한 초간장을 끼얹어 먹는 일본의 대표적인 가정식 요리다. 드라마나 애니메이션에서 많이 봤을 것이다. 그리운 집밥을 맛있는 술과 함께 즐길 수 있다니 저절로 신이 난다. 향이 참 마음에 든다. 유자 향이 약간 가미되었는데, 내가 가장 좋아하는 향이다. 앞에서 워낙 정성을 다해 만들고 있으니 왠지 나도 정성스럽게 먹어야 할 것만 같다. 정성을 다해 한 젓가락 떠서 입에 넣어본다. 잡스러운 맛이 전혀 없고 매우 정직한 맛이다. 역시 맛있다.

부장님	"잡스러운 맛이 하나도 없어. 정말 정직한 맛이야, 정직한 맛."
김 과장	"정말 맛있는 것만 모아서 일렬로 쫙 세운 맛인가요?"
부장님	"맞아, 굉장히 모범생 같은 맛이야."

그때 주방장이 새로운 요리를 내준다. 길쭉하게 생긴 튀김이다.

부장님	"아, 감사합니다. 이게 뭔가요?"
주방장	"우도(땅두릅)입니다."
부장님	"우도? 우도가 원래 이렇게 생겼나요?(웃음)"

어느 정도 배가 찼을 즈음 신기하게 생긴 튀김이 하나 나왔다. 일자로 길게 쭉 뻗은 모양인데 이렇게 긴 건 무슨 채소일까 물으니 땅두릅이란다. 한국처럼 일본에서도 두릅은 좋은 식재료다. 그중 땅두릅, 특히 야생 땅두릅이 진짜 맛있다. 이게 바로 그 야생 땅두릅을 튀긴 텐푸라라는데, 이렇게 큰 땅두릅은 지금껏 본 적이 없다. 두릅은 원래 텐푸라로 요리할 때 맛이 가장 잘 살아난다. 먹어보면 역시 눈물 나는 맛이다. 갓 튀겨 바삭한데 속은 부드럽다. 마무리로 먹기 딱 좋은 요리다.

아무래도 여행자들에게 허들이 높은 곳인 것은 분명하다. 예약으로만 갈 수 있는데, 단골들로 1년 치 예약이 꽉 차 있으니 말이다. 사실상 예약이 아예 불가능하다. 무작정 밖에서 기다린다고 해도 언제 자리가 날지 알 수 없다. 폐점 시간까지 자리가 나오지 않는 경우도 허다하다. 그래도 이곳을 소개하는 이유는, 그럼에도 한 번 정도 시도해도 좋을 만큼 충분히 가치 있는 곳이기 때문이다. 예약 문의라도, 아니면 잠깐 들러 자리가 있는지 확인이라도 해볼 만한 곳이다. 그러다 운이 좋으면 일본인도 가기 힘들다는 최고의 이자카야에서 잊지 못할 추억을 만들 수 있을지도 모른다.

📋 **마츠다의 참견**

하이볼은 무슨 일이 있어도 꼭 먹어볼 것.

雨垂れ石を穿つ。

아마다레 이시오 우가츠

혹시 모른다,
행운의 여신이 당신 대신 줄을 서줄지도.

정석대로 즐기는 소바에 니혼슈 한잔, 수제 소바집

이코마 伊駒

진짜 맛있는 소바는
빛깔부터 다르다.

伊駒

自家製麺蕎麦と伊勢志摩鮮魚

-ikoma-

부장님	"여름에는 제일 먼저 생각나는 게 자루 소바지. 시원하게 츠유에다가 탁."
김 과장	"와, 맛있죠!"
부장님	"소바를 츠유에 찍을 때 끝만 살짝 찍어서 먹는 사람들이 있어. 그러면 맛이 없어."
김 과장	"그럼요?"
부장님	"푹 찍어 먹어야지, 푹. 그래야 맛있어."

❖주요 메뉴

· 海老魚野菜の天盛りそば
  새우 야채 튀김 모둠 소바
· 鴨のたたき 청둥오리 구이
· メバル煮付け 볼락 조림
· 鯖の棒ずし 고등어 봉 스시

일본에 오면 반드시 먹어봐야 할 음식이 세 가지 있다. 바로 일본의 3대 음식으로 불리는 스시, 텐푸라, 그리고 소바다. 이 세 음식은 일본에서 매우 대중적인 음식이라 곳곳에서 쉽게 먹을 수 있다. 특히 여름에 자루 소바는 필수다. 냉한 성질의 소바가 갈증을 채워주고 더위를 달래준다. 소바집이야 쉽게 찾을 수 있지만, 집에서 직접 면을 만드는 수제 소바집은 잘 찾아야 한다. 아무래도 수제 소바가 일반 소바보다는 면의 식감이나 맛이 더 월등할 수밖에 없다.

나라에 소바 잘하기로 소문난 수제 소바집이 하나 있다. 나라와 오사카의 경계인 이코마산의 거의 정상에 있는 이코마 역 근처의 깔끔한 소바집이다. 적당히 넓고 쾌적해 취향을 가리지 않고 남녀노소 즐길 수 있는 곳이다. 소바 외에 다른 일본 요리도 다양하게 갖추었으니 나라에 왔다면 한 번쯤 들러 여독을 푸는 것도 좋을 듯하다.

본격적으로 소바를 먹기 전에 청둥오리 구이부터 시켰다. 오리고기 특유의 쫄깃하고 담백한 맛이 입맛을 돋워줄 것이다. 작은 접시에 오리 고기가 소량 담겨 나온다. 아주 작은, 손바닥만 한 불판과 버너를 함께 가져다주는데, 여기에 직접 구워 먹으면 된다. 고기 냄새를 맡으니 니혼 슈 생각이 난다. 조금 남은 나마비루를 마저 마시고 니혼슈를 주문한다. 니혼슈는 소바와 떼려야 뗄 수 없는 환상의 짝꿍이다. 아마 세상에서 둘 의 합이 가장 잘 맞을 것이다. 어차피 곧 나올 소바를 위해서도 니혼슈를 시켜야 하니 미리 시켜놓기로 한다.

부장님 "소바랑 니혼슈는 흔히 세상에서 가장 합이 잘 맞는다고 해."

김 과장 "아, 진짜요? 원래 소바만 먹는 게 아니고….”

부장님 "(맥주를 마시며) 원래 좀 고급 소바집에 가면 처음부터 니혼슈를 먹어."

김 과장 "그런데 왜 맥주를 드세요?"

일동 (웃음)

부장님 "(웃음) 이거는 어쩔 수 없는 내 루틴이야. 처음엔 나마비루 마시고 그다음 엔 하이보루를 마시고…. 그리고 나서야 본격적인 걸 시키는 거지."

직원을 불러 하이보루를 시킨다.

이 집은 조금 특이하게도 '레이슈 2종 비교 세트'라는 메뉴가 있다. 레이슈(冷酒)는 니혼슈를 차갑게 마시는 걸 말하는데, 보통 한 잔씩 나온다. 그런데 여기는 두 가지 니혼슈를 비교할 수 있게 각각 한 잔씩 함께 내준다고 한다. 술을 좋아하는 사람에게는 안성맞춤인 세트다. 나는 조금 더 욕심을 내 3종 세트를 요청했다. 원래 2종 세트로 나오는 하기노 츠유(萩の露), 본(梵)에 쿠보타반주(久保田万寿)가 더해졌다. 셋 다모두 기품 있는 맛의 니혼슈다. 천천히 한 모금씩 비교하며 마시고 있는데 두 번째 요리가 나왔다. 볼락 조림이다.

볼락 조림은 일반 가정에서도 자주 해 먹는 요리다. 일본 요리의 스탠더드 격인 요리라고 할 수 있다. 조림은 일본어로 니츠케(煮付け)라고 한다. 한국의 생선 조림에서 고춧가루를 빼면 딱 일본식 생선 조림이다. 니츠케는 원래 매우 다양하다. 관동식이냐 관서식이냐에 따라 다르고, 어떻게 요리하느냐에 따라 집집마다 다르다. 이렇게 곳곳을 다니며 그 집 니츠케를 먹어보는 것도 색다른 일본 미식 여행이 될 수 있다.

소바 나오기 전에 하나만 더 시켜볼까 고민하다가 입가심용으로 고등어 봉 스시를 선택했다. 작은 접시 위에 동그란 모양으로 가지런히 담긴 모습이 매우 예쁘다. 스시 위에 다시마 절임이 올라가 있는데, 나는 별로 좋아하지 않아 빼기로 했다. 신선한 스시를 먹으니 입안이 제법 상쾌해진다. 니혼슈로 완벽하게 입을 헹구고 본격적으로 소바 먹을 준비를 한다.

한껏 기대에 차 기다리고 있으니, 친절한 직원이 소바와 텐푸라를

예쁘게 담은 쟁반을 들고 다가온다. 내가 시킨 건 새우 야채 튀김 모둠 소바. 보기만 해도 군침이 돈다.

직원의 설명대로 텐푸라 먼저 소금에 찍어 먹어본다. 방금 튀겨 바삭하고 짭조름한 텐푸라가 식욕을 당긴다. 먹는 순서는 정해진 것이 없다. 각자 좋아하는 것부터 먹는 것이 가장 좋은 방법이다. 소바는 와사비를 넣은 츠유에 찍어 먹으면 되는데, 이때 중요한 건 푹 담가 먹어야 맛있다는 점이다. 다 먹고 나면 소바유를 가져다준다. 소바유는 면을 끓인 물이다. 소바를 찍어 먹던 츠유에 소바유를 부어 차처럼 마시면 완벽하게 마무리할 수 있다.

츠유에 소바유를 가득 따라 천천히 마시며 오늘의 식사를 정리한다. 나라에 올 때마다 들러서 먹고 싶은 집이다. 소바는 물론이거니와 어느 것 하나 맛있지 않은 것이 없었다. 좋은 재료로 만든 건강한 일품요리를 배불리 먹은 듯한 기분이다. 늘 그렇지만 오늘도 아주 잘 먹었다. 성공이다.

📋 **마츠다의 참견**

니혼슈를 좋아한다면 레이슈 2종 비교 세트는 꼭 먹어보자.

つゆだく。

츠유다쿠

푹푹 담가 먹어야 맛있다.
츠유를 아끼지 말 것.

낮이 더 즐거운 이자카야

와쇼쿠 이치죠 和食 一条

일본 요리를 한눈에 알고 싶다면
이곳으로.

김 과장 "그런 이미지가 있지 않나요? 이자카야는 밤에 간다는….."

부장님 "그런 생각을 많이들 할 텐데, 낮에 점심을 맛있게 하는 집이 굉장히 많아."

김 과장 "점심이요?"

부장님 "응. 여기도 점심이 맛있기로 유명한 이자카야잖아."

❖**주요 메뉴**

· カツ丼 카츠동
· 一条弁当膳 도시락(쇼카도 벤또)
· ステーキ 스테이크
· 定食 정식

　낮에 가야 더 즐거운 이자카야가 있다면 어떨까? 나라에 위치한 '와쇼쿠 이치죠'가 바로 그런 곳이다. 이자카야지만 점심이 맛있기로 유명한 곳이라 식사를 하기 위해 낮에 방문하는 손님이 많다. 가정식부터 외식 요리, 일품요리까지 웬만한 일본 요리는 다 있기 때문에 취향대로 골라 먹는 재미가 쏠쏠하다. 이자카야지만 낮부터 찾는 이가 많은 곳, 와쇼쿠 이치죠에서 점심을 먹어보자.

　실내는 깔끔하고 쾌적하다. 룸이 있어 일행끼리 편하게 즐길 수 있다. 자리를 잡고 메뉴를 보며 차례차례 먹고 싶은 걸 고른다. 점심이 맛있기로 소문난 집이니 위장이 허락하는 한 다 먹어보고 싶다. 제일 먼저 가장 만만한 카츠동을 시킨다.

　카츠동은 일본의 대표적인 서민 음식 중 하나로, 돈가스를 올린 돈부리다. 매우 일반적인 음식이라 어느 집에 가든 웬만하면 맛있다는 것이 특징이라면 특징이다. 나마비루와도 매우 잘 어울린다. 카츠동에서 중요한 건 달걀이다. 너무 많이 익혀서도, 너무 덜 익혀서도 안 된다. 충분히 익히기는 하되 끈적끈적한 점성을 유지하도록 조절하는 것이 매우 중요하다. 그런 면에서 이 집은 일단 합격이다. 대충 봐도 적당히 잘 익혔다. 나마비루를 틈틈이 마셔가며 맛있게 한 그릇을 비운다.

두 번째로 선택한 건 이 집 대표 메뉴인 쇼카도 벤또. 아마 일본의 도시락이라고 하면 기본 도시락인 마쿠노우치 벤또와 이 쇼카도 벤또를 가장 많이 떠올릴 것 같다. 쇼카도 벤또는 네모난 도시락에 십자 칸막이를 세워 4개의 정사각형 칸을 만든 도시락이다. 각각 사시미(생선회), 야키모노(구이), 니모노(조림) 등을 예쁘게 담는다. 마쿠노우치 벤또보다 고급 벤또로 니혼슈와 특히 잘 어울린다. 벤또의 시작은 역시 신선한 사시미. 한눈에도 맛있어 보이는 도미회와 방어회가 들어 있다. 미식가라면 응당 도미 먼저다. 그렇게 차례차례 칸을 비우다 보니 어느새 김이 모락모락 나는 먹음직스러운 스테키가 옆에 놓여 있다.

부장님   "내가 여기서 뭘 먼저 먹을 것 같니?"

김 과장   "하마치(방어)?"

부장님   "오!"

김 과장   "(웃음) 바로 맞혔죠?"

부장님   "틀렸어.(웃음) 도미야. 자고로 미식가라면 도미 먼저 먹는 게 정석이지."

스테이크라고 하면 왠지 맛이 잘 안 난다. 서양의 스테이크 같아 조금 낯설다. 역시 일본은 '스테키'다. 일본식 스테키도 이 집 인기 메뉴인데, 한입만 먹어도 좋은 고기를 썼다는 것이 단박에 느껴진다. 고기에는 원래 레드 와인이 제격이라고 하지만, 아쉽게도 나는 와인과는 친하지 않다. 그래도 슬퍼할 필요 없다. 와인 못지않게 스테키랑 아주 잘 어울리는 하이볼이 있기 때문이다. 니혼슈 잔이 다 빈 것을 확인하고 부랴부랴 하이볼을 시킨다.

이제 슬슬 배가 차오르는데, 아직 하나가 더 남았다. 배는 조금 부르지만, 다음으로 미룰 수 있는 요리가 아니다. 일본을 대표하는 음식을 논할 때 이 요리를 빼놓는다는 건 타코야키를 말하면서 문어를 빼놓는 것과 마찬가지다. 바로 정식이다. 정확히 말하면 와쇼쿠 정식, 한국어로 일본 정식을 말한다. 쟁반에 여러 요리를 반찬처럼 담아 한 상 차림으로 내온다. 텐푸라, 사시미, 츠케모노, 미소시루(된장국) 등으로 이루어져 있다. 텐푸라는 소금과 츠유를 같이 주기 때문에 취향대로 찍어 먹으면 된다. 츠유에 찍어 먹을 때는 함께 나온 다이콘오로시(갈아놓은 무)를 간장에 넣어 먹는다. 그렇게 하면 더욱 맛있게 먹을 수 있다. 참고로 고추 튀김부터 먹는 걸 추천한다. 그래야 입맛을 한층 더 돋울 수 있다. 이제 어떤 술로 바꿀까 고민하다 '역시 정식에는 니혼슈'라는 생각에 마스자케(升酒)를 시킨다. 마스자케는 네모난 그릇인 마스에 잔이 담겨 나오는 술로, 술을 잔에 따를 때 마스에 술이 많이 넘치면 복을 많이 받는다고 여긴다. 술을 다 마신 후에는 마스에 남은 술을 잔에 따라 마신다.

일본에는 다양한 요리가 있는데, 모두 술과 함께 먹으면 더욱 맛있다. 각각의 요리에 맞는 술이 무엇인지 직접 마셔보고 찾아내는 것도 일본 요리를 탐험하는 묘미 중 하나다. 식사를 내는 이자카야에서 좋아하는 일본 요리를 맛보며 취향에 맞는 술을 직접 골라보자. 나만의 '인생 조합'이 될 수도 있다.

📖 **마츠다의 참견**

니혼슈에 탄산을 섞은 '니혼슈 하이볼'을 마셔보길 추천한다. 다른 곳에서는 보기 힘든 하이볼이다.

お代わり。

오카와리

배부른 것이 곧 행복이니
젓가락을 놓지 말 것.

메이지 시대 고택에서 대접받는 장어 코스 요리, 우나기 카이세키집

에도가와 江戸川

150년 된 고택에서 장어 요리를 즐기는
특별한 시간.

부장님 "우나기 요리라는 게 도쿄랑 간사이랑 많이 달라."

김 과장 "관동풍, 관서풍으로 나뉘는 건가요?"

부장님 "그렇지. 우나기 요리를 전국에서 다 먹잖아? 대부분이 관동풍이야. 관동풍이랑 관서풍이 제일 다른 건, 관동풍은 한번 쪄, 우나기를. 굉장히 부드럽지. 그런데 관서풍은 우나기를 그대로 불에 구워, 안 찌고. 그게 제일 큰 차이야."

❖주요 메뉴

· 鰻会席 장어 카이세키

　나라마치는 나라를 찾은 사람들이 꼭 한번은 들르는 대표적인 나라의 명소다. 에도 시대부터 메이지 시대까지 실제로 살았던 옛사람들의 마을과 집이 그대로 보존된 곳이 많다. 말하자면 당시 거리가 어느 정도는 그대로 재현되어 있다. 오사카와 교토와는 또 다른 운치와 낭만이 있는데, 과거와 현재가 굉장히 아름답게 조화를 이룬다.

　그런 나라마치에 연륜이 꽤 있어 보이는 큰 고택이 하나 자리한다. 한눈에도 정성껏 보존되어온 듯한 고택에서 맛있는 음식 냄새가 유혹하듯 흘러나온다. 이곳이 바로 장어 코스 요리 전문점 '에도가와'다. 굉장히 큰 고택인 만큼 실내도 매우 넓고 고급스럽다. 방이 여러 개로 나뉘어 있는데, 어떤 방은 좌식 방, 어떤 방은 테이블 방이다. 그 주위를 일본식 정원이 소박한 아름다움을 뽐내며 둘러싸고 있다. 전형적인 일본 옛집이다. 건물 자체는 150년이나 된 고택이란다. 메이지 시대 초기부터 있던 건물인 듯싶다. 내부만 봐서는 웬만한 요정만큼이나 비쌀 것처럼 느껴지지만, 아주 비싼 곳은 아니다. 오히려 오사카와 비교했을 때 합리적인 가격으로 다양한 장어 요리를 즐길 수 있다. 코스로 나오는 요리의 가짓수를 생각해보았을 때 오히려 '가성비'가 좋다고 할 수 있을 정도다.

부장님	"근데 장어 요리라는 게, 한국도 마찬가지겠지만 일본에도 몇 가지 없어."
김 과장	"아…."
부장님	"카바야키, 시라야키, 우자쿠, 우마키, 야나가와, 히츠마부시 뭐 이런… 몇 가지밖에 없어."
김 과장	"많은데요."
일동	(웃음)

오늘의 선택은 이 집 대표 메뉴인 장어 카이세키다. 가격은 7,500엔. 종업원의 설명을 듣자니, 고급 요정의 카이세키와 일반 식당의 정식 중간쯤이란다. 앞뒤로 펼쳐지는 수려한 고택의 모습이 자꾸만 기대를 부추긴다. 이런 분위기와 경관에 둘러싸인 곳에서는 어떤 걸 먹어도 고급 요리처럼 느껴질 것이다.

일본의 장어 요리는 관동풍(도쿄)인지 관서풍(오사카)인지에 따라 차이가 많이 난다. 일본 전역에서 쉽게 볼 수 있는 장어 요리 대부분은 관동풍을 따른 것인데, 장어를 굽기 전에 한번 찌기 때문에 굉장히 부드럽다. 반면 관서풍은 찌지 않고 그대로 불에 굽는다. 서로 장단점이 있기 때문에 어떤 것이 더 좋고 맛있다고 할 수는 없다.

드디어 코스 요리가 시작됐다. 그 처음을 알리는 젠사이(前菜). 예쁜 그릇에 여러 요리를 조금씩 담은 전채다. 장어 간 꼬치구이, 우엉말이 장어 구이, 장어 계란말이, 장어 뱃살 무침, 장어 뼈 튀김이다. 제일 먼저 장어 뼈 튀김부터 먹는다. 장어의 긴 뼈를 발라 튀긴 건데, 바삭하고 고소한 것이 별미 중의 별미다. 장어 간 꼬치구이는 매우 어려운 요리로, 잘못 요리할 경우 냄새가 난다. 따라서 이것이 맛있으면 그 집은 무조건 맛있는 장어 요릿집이라고 생각하면 된다. 우엉말이 장어 구이는 이름 그대로 우엉을 장어로 만 요리다. 하나 집어 입에 넣어본다. 기가 막히게 맛있다. 비슷하지만 약간 다른 요리가 바로 옆에 있는 장어 계란말이다. 우마키(鰻巻き)라고도 한다. 계란말이 안에 장어가 들어 있는데, 말이 안 나올 정도로 맛있다. 장어와 계란의 궁합이 이렇게 좋았나 싶다. 마지막으로 장어 뱃살 무침. 원래 생선은 뱃살이 제일 맛있는 법. 장어도 예외 없이 뱃살이 가장 맛있다. 그 뱃살을 스미소(酢味噌, 일본 된장에 식초를 넣어 달짝지근하게 만든 것)에 넣고 무친 건데, 집에서도 스미소를 만들어 먹을 만큼 좋아하기 때문에 내 입맛에 아주 딱 맞는다. 일단 전채 요리는 합격이다.

그다음으로는 살짝 데친 장어 요리다. 이걸 유비키(湯引き)라고 하는데, 따뜻한 물을 부어 표면만 빠르게 익힌 것을 말한다. 이렇게 하면 손질한 장어 사이사이에 뜨

거운 물이 들어가 골고루 적당히 익힐 수 있다. 너무 많이 익혀도 안 되기 때문에 이 또한 숙련된 기술이 필요하다. 뜨거운 물을 부었을 때 감칠맛이 확 오르기 때문에 잘만 하면 장어의 맛을 제대로 살릴 수 있다. 앞면은 부드러운 살, 뒷면은 쫄깃한 껍질이라 다양한 식감의 재미도 맛을 더한다.

부장님 "(종업원에게) 저 하이보루 한 잔 부탁드립니다."

나 피디 "맥주 드시고 하이보루 드시는 건 마치 세트인 것 같아요."

부장님 "나만의 세트야, 어쩔 수 없어.(웃음) 사실은 니혼슈를 먹고 싶은데, 그걸 먹기 전에 꼭 해야 하는 의식 같은 거야."

이제 장어 요리의 대명사인 구이다. 한국에서도 장어 요리 하면 대부분 구이이기 때문에 한국인에게도 매우 친숙한 요리일 것이다. 한국처럼 일본도 양념을 묻혀 구운 것과 아무것도 묻히지 않고 구운 것으로 나뉘는데, 전자를 카바야키(蒲焼), 후자를 시라야키(白焼)라고 부른다. 타레를 묻혀 구운 카바야키는 함께 나온 산쇼오(산초 가루)와 먹으면 된다. 이 집은 조금 특별하게 우나기 타레, 즉 양념을 더 주기 때문에 조금 더 진하게 먹고 싶으면 양념을 더 발라서 먹는 것도 좋은 방법이다. 시라야키용 간장도 함께 나온다. 키쬬유(生醬油)라고 하는데 숙성시키지 않은 생간장이다. 시라야키의 맛을 한층 배가하는 역할을 한다.

부장님 "한국에서는 복날에 삼계탕 먹지?"

김 과장 "네."

부장님 "일본에는 장어의 날이 있어. 그때는 꼭 장어집에 가서 먹는데, 고급 요릿집은 보통 우나쥬(네모난 상자에 넣은 장어 덮밥) 하나에 6,000엔 정도 하거든. 이만한 사이즈라 해도 한

3,000~4,000엔은 해. 그런데 이렇게 우나기 요리가 다 나오면서 7,500엔? 이건 말도 안
되는 거거든."

김 과장　(웃음)

부장님　"근데 또 맛까지 있다?(웃음)"

　　이제 조금씩 위가 풀리는 것 같다. 준비운동을 끝내고 스키야키로 본격적으로 시동
을 건다. 일반적인 스키야키는 자주 먹었지만 장어 스키야키는 솔직히 처음이다. 과연
장어가 스키야키에도 어울릴까 하는 약간의 의구심을 가지고 조심스럽게 한술 떠본다.
국물만 먹었는데도 괜한 걱정이었다 싶은 맛이다. 웬만한 스키야키보다 더 깊은 맛이
일품이다. 좀 전에 먹은 구이 요리를 깔끔하게 리셋하고 다음 요리를 기다릴 수 있게 하
는 맛이다. 한 가지 주의할 점은 계란을 너무 많이 풀면 안 된다는 것이다. 요리를 하는
것이 아니니 곱게 풀 필요가 없다. 오히려 살짝만 풀어야 스키야키를 찍어 먹었을 때 맛
을 더 살릴 수 있다. 이렇게 계란에 스키야키를 찍어 먹게 된 유래가 조금 재미있다. 원
래는 뜨거운 스키야키를 식히기 위한 대안이었는데, 우연찮게도 더 맛있다는 것을 알게
되어 스키야키를 먹는 방식 중 하나로 자리 잡은 것이라고 한다. 참고로 장어 스키야키
는 처음 먹어보는데도 짜증 날 정도로 맛있다. 이렇게 맛있는 걸 이제야 먹어본다는 생
각에 억울하기까지 했다.

부장님　"코스가 이제 몇 개 남았다고?"

나 피디　"이거 다음에 밥도 또 따로 나온다 그러던데….'

부장님　"(웃음) 진짜?"

김 과장　"이거 구성, 진짜 훌륭한 거 아니에요?"

부장님　"안 되겠다. (직원을 부르며) 니혼슈 좀 추천해주시겠어요?"

　　뜨끈한 스키야키로 속을 한번 리셋했으니 다시 텐푸라다. 아무것도 바르지 않고 생
으로 구운 시라야키와 양념을 묻혀 구운 카바야키에 반죽을 입혀 튀겼다. 사실 튀김이
라는 건 슬리퍼를 튀겨놓아도 맛있다고들 하지만, 그건 잘못된 이야기다. 오히려 튀김
이야말로 굉장히 어려운 요리라고 할 수 있다. 튀기는 타이밍, 시간, 튀김옷 등 모든 것
이 완벽해야 맛있는 텐푸라가 완성된다. 그런 점에서 이 집에는 굉장히 기술 좋은 주

방장이 있는 것 같다. 무엇 하나 빠지지 않는 맛에 그저 맛있다는 감탄만 나올 뿐이다.

텐푸라와 함께 나온 스노모노(酢の物)는 우자쿠(鰻ざく)라고도 불리는 장어 요리다. 내가 가장 좋아하는 장어 요리이기도 한데, 술안주로 이것만큼 좋은 것이 없다. 식초의 시큼함과 장어의 따뜻함이 묘하게 어울리는 요리다. 달콤하고 새콤한 맛이 어우러져 맛을 내는데, 역설적이게도 굉장히 깔끔하다.

이제 코스 요리의 마지막을 장식할 히츠마부시(櫃まぶし), 장어 덮밥이 남았다. 히츠마부시는 나고야에서 처음 만든 음식으로 '오히츠'라는 나무 그릇에 담아 내온다. '마부시'는 한국어로 '찐다'라는 뜻이다. 종합해보면 오히츠라는 그릇 안에서 밥의 열기로 한번 더 찐다는 의미다. 참고로 간사이의 장어 덮밥은 담겨 나오는 모습이 조금 다른데, 찌는 과정 없이 바로 구워 딱딱하기 때문에 장어를 밥과 밥 사이에 넣어 제대로 '마부시' 한다. 밥 위에 장어를 올리고 그 위에 다시 밥을 올리는 식이다.

함께 나온 오스이모노(お吸い物)는 장어 간으로 맑은 국물을 낸 키모스이(肝吸い)다. 깊은 맛이 나는 국물이 긴 호흡의 코스 요리로 조금 부대낄 수 있는 속을 가뿐히 풀어준다. 국물도 같이 나오기 때문에 덮밥을 얼추 먹고 국물을 부어 오차즈케로 먹는 것도 가능하다. 오차즈케 역시 코스 요리를 깔끔하게 마무리할 수 있는 아주 좋은 방법이라 할 수 있다.

분명 고급 요정의 카이세키와 일반 식당의 정식 중간쯤이라고 했지만, 코스를 모두 끝낸 나로서는 동의하기 어렵다. 어디에 내놓아도 훌륭한 고급 코스다. 7,500엔이라는 가격에 이런 코스를 먹을 수 있다니, 오사카에서는 상상도 할 수 없는 일이다. 정말 비싼 곳은 방금 먹은 히츠마부시만 6,000엔이다. 장어 요리계에선 제일 가성비 좋은 집이라고 할 수 있다. 일본의 다양한 장어 요리를 거의 다 담은 코스이기 때문에 장어 입문자도 즐기기 아주 좋다. 오랜만에 아주 좋은 대접을 받았다. 최고다.

📁 마츠다의 참견

니혼슈를 추천해달라고 요청할 것. 나라의 지역 술을 마셔볼 수 있다.

梅干と友達は古いほどよい。

우메보시토 토모다치와 후루이호도 요이

오래될수록 더 좋은 것 하나 더.
온기가 남아 있는 오랜 집과 손님을 대하는 주인의 정성.

PART 2
금빛의 찬란한 순간,
특별한 미식의 찰나

一期一会
이치고 이치에

평생 단 한 번의 만남.
이 한입을 다시 먹지 못한다는 각오로 소중히.

술 없는 야키니쿠집, 야키니쿠 코스 요릿집

와키히코 쇼텐 脇彦商店

잇지 말자, 뭐든지 밥심이다.

김 과장　"여긴 어딘가요?"

부장님　"후쿠시마. 후쿠시마는 참… 내가 소개 안 하려고 했는데.(웃음) 내가
후쿠시마를 진짜 자주 가서 여기는 정말 소개를 안 하려고 했는데. 여
기서 한국 관광객은 본 적이 별로 없는 것 같아."

김 과장　"이쪽이 확실히 잘 안 알려져 있어요."

부장님　"응. 안 알려졌어. 기분 좋게 취할 수 있는 곳이거든, 여기가."

김 과장　"그만큼 여기에 맛집이 많다는 얘기시죠?"

부장님　"많지. 여기는 아주 조그맣고 아기자기한 맛집이 어마무시하게 많지."

김 과장　"그래서 소개를 안 해주려고 한 거군요."

부장님　"응. 거기는 내가 다 다녀야 하니까.(웃음)"

❖**주요 메뉴**

· 饗(おもてなしコース) 오모테나시 코스
· 脇彦コース 와키히코 코스

가끔 어떤 것을 보았을 때 '이건 진짜다' 하는 생각이 들 때가 있다. 제 역할을 온전히 해내는 물건이라든지, 맡은 바 소임을 제대로 하는 사람이라든지. 혹자는 '열심히' 하는 것이 진짜배기라고 하지만 내 생각은 조금 다르다. 열심히 하는 것도 중요하지만 '제대로' 하는 것이 진짜다. 제대로 하기 위해서는 저절로 열심히 할 수밖에 없다. 하지만 무엇이든 빨라지고 쉬워진 요즘, 제대로 하는 진짜배기를 찾는 것이 모래알 속에서 진주를 발견하는 것보다 더 어려운 일이 되어버렸다.

음식도 똑같다. 음식이란 본래 입으로 들어갈 때는 맛을, 입안에서는 식감을, 식도로 넘어가 위에 안착할 때는 부드러운 소화를, 그러다 몸의 일부가 되는 궁극의 순간에는 좋은 영양소를 적재적소에 더할 수 있어야 한다. 이 모든 일을 제대로 해냈을 때 비로소 진짜배기 음식이라고 할 수 있다. 요즘처럼 금방 요리해 먹을 수 있는, 그야말로 '초(超)패스트푸드' 세상에서 과연 어떤 음식이 진짜배기일까.

답은 간단하다. 밥이다. 보기만 해도 입 밖으로 군침이 흘러넘치는 온갖 산해진미가 아니라, 너무 평범해 요즘 더 홀대받는 밥이야말로 제일 중요한 산해진미요, 모든 역할을 충실히 해내는 진짜배기다. 밥 짓는 이의 포근한 온기가 한가득 서려 있는 뽀얀 밥 한 그릇이면 몸은 물론 마음까지 꽉 채울 수 있다. 자고로 밥이 보약이라 했다. 몸이든 마음이든 아픈 곳을 돌볼 새 없이 바쁜 요즘 사람들에게 필요한 건 어쩌면 2분 만에 뚝딱 먹을 수 있는 '빠른 밥'이 아니라 긴 시간 정성껏 지은 밥 한 공기일지도 모른다.

오사카 북부에 위치한 후쿠시마(福島)구에 나와 같은 생각을 하는 이가 있다. 3대째 내려오는 가업을 이어받아 이곳으로 온 지 5년이 넘은 조금 독특한 야키니쿠집. 약 110년의 전통을 지닌 고집 세고 뚝심 있는 '와키히코 쇼텐'이다.

간판에 적힌 '3대 와키히코 쇼텐 본점'이란 문구에서 음식에 대한 이곳만의 프라이드와 고집이 여실히 느껴진다. 메인은 고기를 구워 먹는 야키니쿠. 초대 본점이 있던 미에현의 마츠자카규(松坂牛)를 비롯해 와규에 웬만큼 관심 있는 사람이라면 한 번쯤 들어봤을 법한 브랜드 규(牛)를 모두 취급한다. 그날그날 품질 좋은 고기를 골라 고베규(神戸牛), 오미규(近江牛), 타지마규(但馬牛) 같은 브랜드 규를 내놓는다.

원래 이곳은 식초를 만드는 상점으로(그래서 이름에 '상점'이 붙어 있다) 초대 사장님이 주위에 마츠자카규를 즐겨 나눠주던 것에서 시작되었다고 한다. 왜 이렇게 고기에 진심인지 너무도 명료하게 알려주는 계기다. 미에현 출신인 만큼 그곳 방식으로 야키니쿠 타레를 만드는데, 간장을 기본으로 하는 오사카와 달리 된장을 기본으로 한 타레를 선보인다. 그 맛을 오사카 사람에게도 알리고 싶어 이곳까지 오게 되었다고 하니, 하나부터 열까지 감탄이 나오지 않는 부분이 없다.

장인 정신이 느껴지는 곳이라 그런지 가게에 들어가는 것조차 예사롭지 않다. 비밀번호를 누르고 들어가는 회원제다. 즉 아무나 출입할 수 없는 곳이다. 회원으로 가입할 수 없는 여행자는 예약한 후 초인종을 누르면 된다. 아무나 쉽게 들어갈 수 없는 곳이라는 기대감에 도취된 탓일까, 아직 먹어보지도 않은 고기 맛이 벌써부터 좋게 느껴진다.

잘 정돈된 고즈넉한 실내에 놓인 테이블에는 자필로 적은 환영 편지가 놓여 있는데, 예약자를 위해 가게에서 미리 준비한 것이다. 요약하면 기껍게 음식을 즐겨달라는 내용이다. 아주 작은 부분이지만 따뜻함과 정을 느끼기에 충분하다. 훈훈해진 마음을 안고 메뉴로 눈을 옮긴다. 가격별로 다양한 코스가 준비되어 있지만, 이 집에서 가장 인기 높은 것은 1만 1,000엔짜리 코스다.

누구나 특정 음식에 더 특별한 추억을 가지고 있기 마련이다. 이곳 사장님도 다르지 않다. 야키니쿠에 이토록 진심인 이유는 어렸을 적 부모님 손에 이끌려 처음 먹어본 야키니쿠의 맛(아지, 味) 때문이라고 한다. 맛이라고 두루뭉술하게 표현했지만 분명 거기에는 그날의 냄새, 나눴던 이야기, 오갔던 웃음, 그리고 밥 위에 얹어주는 고기 한 점의 애정이 포함돼 있을 것이다. 그때부터 야키니쿠의 참맛은 온갖 기교 있는 타레나 반찬이 아니라, 갓 지은 쌀밥과 질 좋은 고기가 전부라고 생각했단다. 그리고 그런 참맛을 제대로 보여줄 수 있는 야키니쿠집을 내고 싶었다는 것이 사장님의 설명이다. 그래서인지 이곳에서는 야키니쿠집에서 흔히 마실 수 있는 술조차 취급하지 않는다. 한 달에 딱 한 번, 술을 마실 수 있는 29일을 제외

하고는 술을 팔지 않는다. 대신 테이블마다 놓인 솥에 갓 지은 밥을 무제한으로 내준다. 원체 술을 좋아하는 나로서는 나마비루도 없이 야키니쿠를 맛있게 먹을 수 있을까 걱정이 되기도 했지만, 밥을 한술 뜨자마자 그것이 쓸데없는 걱정이었다는 것을 깨달았다. 잘 구운 고기에 윤기가 자르르 흐르는 백미의 조합이 이토록 훌륭했던가. 밥 위에 고기를 얹어 크게 한입 뜨다 보니 어느새 몇 그릇째 먹고 있다.

날마다 다른 쌀로 밥을 짓는다는데, 오늘은 후쿠이현 사카이시의 코시히 카리(コシヒカリ)라고 한다. 밥만 먼저 조금 떠서 맛을 보니 반찬 하나 없이 한 그릇 뚝딱 비울 수 있는 맛이다. 여기에 감탄이 나올 정도로 신선함을 뽐내는 고품질 고기를 취향대로 구워가며 본격적인 '쌀밥에 고기반찬' 조합에 빠져든다.

제일 처음 나오는 부위는 소장과 뼈를 갈라낸 갈빗살(나카오치가루비, 中落ちカルビ)이다. 이 둘은 술지게미로 오랜 시간 숙성해 맛과 식감을 더했다고 한다. 소장은 단맛이 나고 갈빗살은 담백하니 맛있다. 하라미(안창살)와 토로탕(우설)은 입안에서 살살 녹는데, 특히 토로탕은 함께 나온 '파소금 다시마'를 얹어 먹으면 말로 표현하기 어려울 정도로 맛있다.

갈빗살부터 토로탕까지 살뜰히 구워 먹고 육회까지 맛보고 있으면 또 다른 고기가 나온다. 마치 이어달리기 같다. 람푸(ランプ)와 하네시타(ハネシタ)다. 람푸는 우둔살로, 품질 좋은 육회는 람푸로 만들 만큼 고기의 참맛을 제대로 즐길 수 있는 부위다. 그중에서도 상급 람푸가 나왔다. 살치살인 하네시타

📁 마츠다의 참견

숫자로 2는 '니(に)', 9는 '쿠(く)'다. 합쳐서 발음하면 '니쿠'가 되는데, 야키니쿠의 니쿠와 비슷하다. 거기에서 착안해 29일에만 특별히 술을 허락한다고 한다. 손님이 직접 술을 가져와 마실 수도 있다고 하니, 술을 포기할 수 없다면 매달 29일에 방문하기를 권한다.

는 소고기 중에서도 얼마 나오지 않는 부위로, 정말 맛있고 귀한 부위라고 할 수 있다. 람푸와 하네시타를 적당히 구워 소금에 찍어 먹으면 그냥 먹었을 때보다 배로 맛있게 먹을 수 있다.

함께 나온 히레(ヒレ, 안심)는 테이블에서 한번 구운 후 직원이 다시 가져가 조리해서 내온다. 그때 굉장한 퍼포먼스를 보여주는데, 꿀이 가득한 벌집 틀을 테이블로 가져와 필요한 만큼 꿀을 떠 양념을 만들고 히레에 뿌려준다. 그것만으로도 입이 떡 벌어지는데, 꿀 소스를 얹은 히레의 맛까지 더해지면 도저히 입을 다물 수 없게 된다. 생각하지 못한 맛에 연신 감격을 토하며 놀라고만 있는 속을 후식과 디저트로 달래면서, 길지만 매우 짧았던 '쌀밥에 고기반찬' 여행을 마무리한다.

부장님　"어? 여기, 검은 된장에서 짜장 맛이 나.(웃음)"

김 과장　"진짜요? 진짜? (먹어본다) 오, 짜파게티 맛이 나는데요?"

일동　(웃음)

나 피디　"한국 분들 오면 진짜 좋아하시겠다."

부장님　"다른 야키니쿠집에서 술을 안 판다고 했으면 화가 확 났을 것 같은데, 여기는 이해가 간다. 정말 맛있는데?"

나 피디　"부장님이 술을 안 마셔도 굉장히 맛있게 드셔서 너무 좋아요, 지금.(웃음) 걱정을 많이 했는데."

부장님　(계속 먹는다)

나 피디　"아니, 뭐 토크를 안 하고 계속 식사만 하셔."

부장님　"원래 있잖아… (한입 크게 먹으면서) 밥상 앞에서 말하는 거 아니야.(웃음)"

일동　(웃음)

먹다 보니 언제 아쉬워했는지도 기억나지 않을 정도로 술 생각이 사라져버렸다. 벌써 세 그릇째. 기분 좋은 배부름에 지칠 줄 모르고 다시 솥을 열어 밥을 뜬다. 고기와 밥밖에 없는 아주 간단한 상차림인데

도 먹을수록 맛있다. 사장님의 어린 시절 추억이 담긴 고기 밥상이라
그런지, 고기 한 점, 밥 한 술마다 어렴풋한 옛 기억이 함께 섞인다. 고
기라도 굽는 날에는 당신은 잘 드시지도 않고 내 밥 위에 고기를 올려
주느라 바쁘시던 어머니의 들뜬 사랑과 잘 익은 고기를 은근히 내 쪽
으로 밀어주시던 아버지의 묵묵한 다정함이 식도를 타고 다시 내 위에
차곡차곡 쌓인다. 별것 없는데 참 따뜻한 밥상이다. 그리움이 허기짐
이 되어 한 그릇을 또 금세 비운다.

この世で一番大切なのは
想い出ではないか。

코노요데 이찌방 타이세츠나노와
오모이데데와나이카

별거 없어서 더 맛있었던 밥상.

아지사이 味菜

한 잔의 술로
만 가지 고민을 잊을 수 있다면.

부장님	"여기 메뉴는 없나요?"
종업원	"메뉴는 없습니다. 설명을 듣고 좋아하는 걸 골라주시면 됩니다."
부장님	"보고선 먹고 싶은 걸 고르면 된다는 거군요? 나루호도…."

잠시 후, 주인장이 직접 카운터석 앞 진열장 안에 놓인 해산물과 식재료를 순서대로 설명한다.

부장님	"커다란 참치가 바로 보이네요. 이건 가다랑어인가요?"
주인장	"네, 오늘은 가다랑어입니다. 오늘은 홋카이도 레분섬에서 잡은 성게도 있습니다."
부장님	"레분섬에서 잡은 성게요?"
주인장	"네, 사시미 모둠에 사용하려고 합니다."
부장님	"대박이네요! 그럼 오마카세로 사시미 모둠 부탁드립니다!"

❖주요 메뉴

- 刺身盛り合わせ(お任せ) 사시미 모둠(오마카세)
- カニ味噌ステーキ 게 내장 스테이크

- 甌州 소슈

한길만 오랫동안 걸어온 사람들을 보면 존경과 동경심이 샘솟는 다. 때로는 그들을 부르기에 장인(匠人)이라는 표현은 너무 흔한 단어 가 아닌가 주저될 때도 있다. 그들이 묵묵히 자신의 일을 해나가는 모 습을 보고 있자면, 가슴 깊이 전율이 느껴지곤 한다. 이마자토에서 26 년, 여기 우에혼마치에서 9년, 약 35년째 식당을 운영하고 있는 '아지 사이'의 주인장도 그중 하나다. 사시미를 다루는 그의 손길에서 망설 임이라곤 찾아볼 수 없다. 거문고 줄이라도 당기듯 신중하지만 빠르게 회를 뜨는 그의 모습에서 보이지 않는 곡조가 흘러나온다.

나는 뭔가를 새로 배우는 걸 좋아한다. 혹자는 내가 음식과 술을 잘 안다고 말하지만 전혀 그렇지 않다. 그저 내가 알고 있는 것만 잘 아 는 것일 뿐, 아직 먹어보지 못한 음식도, 마셔보지 못한 술도 많다. 그 래서인지 이런 장인이 운영하는 곳에서 음식과 술에 대해 한 수 배우 며 보내는 시간을 사랑한다. 돈은 음식값만 내지만, 채워진 건 결코 위 만이 아니다. 배부르게 충족된 마음을 소중히 안고 나올 수 있는 곳이 바로 여기, 아지사이 같은 곳이다.

아지사이에는 메뉴가 없다. 말 그대로 메뉴판도 없고, 정해진 메뉴 도 없다. 진열장에 놓인 갖가지 해산물과 식재료에 대한 설명을 얌전 히 듣고 있다가 먹고 싶은 것을 고르는 방식이다. 그럼 그 식재료로 주 인장이 맛있게 요리해 내준다. 날마다 준비한 해산물과 식재료가 다르 기 때문에 결국은 주인장이 추천하는 대로 먹는 오마카세(お任せ) 형 식인 셈이다. 오늘은 운이 좋았다. 싱싱해 보이는 오늘의 성게는 홋카 이도의 레분섬(礼文島)에서 잡은 특별한 녀석이라고 한다. 레분섬에 서 잡았다면 얼마나 맛있을지 먹어보지 않아도 익히 들어 알고 있다. 먹음직스러워 보이는 가다랑어도 구미를 돋운다. 재빨리 사시미 모둠 을 오마카세로 시키고 자리에 앉아 맥주로 목을 축인다. 고급스러운 실내와 정갈한 분위기가 한층 기분을 끌어올린다.

　　바쁘게 움직이는 주인장을 보고 있으면 혼자 마시는 나마비루가 지루해질 틈이 없다. 이게 바로 카운터석의 묘미다. 하나하나 주인장의 손길이 닿아 요리가 되는 모습을 보고 있으니, 문득 이 집이 테즈쿠리(手作り) 료리(料理), 한국말로 수제 요릿집이라는 사실이 생각났다. 곧 맛볼 진미에 잔뜩 기대하며 전채 요리로 나온 이치지쿠(イチジク, 무화과) 크림을 한입 떠 무심코 입에 넣는다.

　　　　　　　우마이!

　　방심했다. 아직 본판이 시작되지 않았다고 생각했는데, 큰코 제대로 다쳤다. 전채 요리가 이렇게나 맛있다니. 무방비 상태에서 당한 생각지도 못한 무화과의 공격에 얼떨떨한 채로 황홀함에 젖어든다. 그 옛날 좋아했던 노랫말처럼 '무화과 그늘에 숨어 앉아' 몇 접시고 먹고 싶은 맛이다.

　　잠시 기다리고 있으니 드디어 차례차례 음식이 나오기 시작한다. 제일 앞장선 것은 사시미 모둠. 주인장 추천인 오마카세로 구성됐다. 레분섬에서 잡았다는 성게를 광어가 꽁꽁 싸매고 있는 광어 성게말이, 눈볼대, 전갱이 파말이, 오마의 참치, 자연산 도미가 영롱한 자태를 뽐내며 나무 접시 위에 가지런히 놓여 있다. 일단은 가장 궁금했던 광어 성

게말이부터 맛본다. 레분섬의 성게는 맛이 진하며 단맛이 나는 게 특징이다. 입안 가득 번지는 진한 성게 맛에 절로 술이 당긴다. 각각의 회에 진심을 다한 후, 아까부터 궁금했던 진열장 안 '게 내장 스테이크'를 추가로 주문한다.

게 내장 스테이크가 나오고 드디어 본격적으로 술을 고를 차례다. 맥주로 시작했으니 이젠 소주다. 전방에 놓인 병들을 슬쩍 보는데, 나도 모르게 감탄사가 나온다. 일본주가 이곳으로 소풍이라도 왔는지, 일본의 술이란 술은 모조리 모여 있다. 내가 좋아하는 이모(고구마) 소주만 해도 고급 술로 유명한 모리이조(森伊蔵)부터 서민적이고 맛있는 타치바나(橘) 같은 술까지 있다. 그뿐인가, 무기(보리) 소주도 나카나카(中々), 카네하치(兼八) 등 진짜 유명하고 맛있는 술이 모두 모여 있다. 심지어 일본에서 3M으로 불리는, 가장 구하기 힘든 세 가지 술인 모리이조와 마오(魔王), 무라오(村尾) 중 자그마치 모리이조와 마오가 한곳에 있다. 사건이다. 술을 사랑하는 애주가로서, 자연스레 시계부터 확인한다. 아직 마실 수 있는 시간이 한참이나 남았음을 제대로 확인하고 나서야 침착하게 첫 술을 주문한다.

부장님	"소주 주문할게요!"
종업원	"뭘로 드릴까요?"
부장님	"제가 이모 소주를 좋아하긴 하는데요…."
종업원	"이모 소주를 좋아하시면 소슈라는 술을 추천해드려요."
부장님	"소슈요?"
주인장	"간사이에서는 파는 곳이 별로 없는 술이에요."
부장님	"솔직히 처음 보는 술입니다."
주인장	"저희는 양조장에서 직접 받아오기 때문에…."
부장님	"양조장에서 받아오세요?"
종업원	"(병째 내오며) 별로 파는 곳이 없어요."
부장님	"우와…. 고구마 맛이 강한가요?"
주인장	"네."
부장님	"저, 정말 좋아합니다, 그런 거. 그럼 그걸로 한 잔 주시겠어요?"
종업원	"어떻게 드릴까요?"
부장님	"당연히 온더록이죠!"
일동	(웃음)

　　짜릿하다. 아드레날린이 일시에 뿜어져 나온다. 사실 내 나이쯤 되면 모리이조든 마오든 세상에 널리 알려진 명주는 대부분 마셔봤다고 해도 과언이 아니다. 특히 가장 좋아하는 고구마 소주는 브랜드를 불문하고 모조리 마셔봤다고 할 수 있다. 그런데 오늘 이곳 아지사이에서 처음 들어보는 술을 소개받은 것이다. 이렇게 새로운 술을 소개받는 건 – 특히 고구마 소주에서는 – 아주 오랜만의 일이다. 생각지도 못하게 아주 귀한 선물을 받았다. 저절로 신이 나는 걸 멈출 수가 없다.

　　이내 나온 소슈를 지그시 보며 무언의 첫인사를 정중히 건넨다. 고운 빛을 내며 가볍게 찰랑이는 모습이 마치 화답이라도 하는 것처럼 보이는 건 애주가의 꿈일까. 드디어 첫 모금을 마신다. 고구마다. 여태껏 마셨던 다른 고구마 소주들이 밍밍한 건가 의심이 들 정도로 고구마 그 자체다. 고구마로 소주를 만든 게 아니라 소주로 고구마를 만든 듯한 느낌이다. 저마다의 쿠세, 쉽게 말해 독특한 맛이 나는 술이 있다. 고구마 소주 중에서도 "난 고구마예요!"라고 외치는 녀석이 더러 있는데, 이 술은 외침을 넘어 하울링하는 수준이다. 위에서부터 식도를 타고 올라오는 깊은 감동에 눈물까지 날 것 같다.

몇 분이 지났을까, 한참을 음미하던 소슈를 내려놓고 아까부터 기다리고 있는 게 내장 스테이크로 젓가락을 가져간다. 이것도 내 취향이다. 스테이크라서 고기가 들어갔는 줄 알았더니 채소로만 되어 있다. 말하자면 만두소 같은데, 동그랑땡처럼 딱딱한 게 아니라 굉장히 부드럽다. 뒤이어 에스카르고풍 소라가 나온다. 미소 된장 버터와 먹는 재밌는 요리다. 이곳에서만 먹을 수 있는 요리가 이곳이라서 먹을 수 있는 술에 도수를 보태준다. 오가는 환담과 입을 즐겁게 하는 음식 그리고 술. 즐거운 기분에 취하기라도 한 걸까. 마음만은 이미 대취(大醉)다.

부장님 "다이쇼(대장님)! 이건 어떤 술이 어울릴까요?"

주인장 "어떤 종류로 먹고 싶으세요?"

부장님 "제가 보기엔 니혼슈가 괜찮을 것 같은데요?"

주인장 "니혼슈로 가볼까요? 독한 걸로?"

부장님 "(웃음) 독한 걸로! …아, 저, 다이쇼!"

주인장 "네!"

부장님 "엄청 비싼 건 안 주셔도 됩니다!"

일동 (웃음)

주인장 "비싼 것밖에 없는데….(웃음)"

일동 (웃음)

📋 **마츠다의 참견**

비싼 것밖에 없다는 주인장이 추천해준 건 나가사키현의 요코야마(よこやま).

酒は百薬の長

사케와 햐쿠야쿠노 쵸

세상만사를 한 잔의 술에 담아
꿀꺽.

최고급 우가히레 산마이 코스, 샥스핀이 맛있는 일본식 중화요릿집

햐쿠라쿠 百樂

수고한 어제의 나에게 주는
최고급 요리 선물.

부장님	"전에는 한국식 중국요리를 먹으러 갔으니까. 일본식 베이징 요리는 어떤 건지, 오늘 너네한테 얘기를 좀 해주면서 먹으려고. 중국요리는 혼자 먹으면 안 되잖아."
나피디	"근데 여기 단가가 엄청 세 보이는데…"
부장님	"(웃음) 나도 좀 후들거려."
일동	(웃음)
부장님	"그래도 맨날 짜장면, 짬뽕만 먹을 순 없잖아. 오늘 좋은, 진짜 고급 코스로 내가 시켜놨으니까 들어가서 먹자. 아, 근데 가만있어봐, 돈이…(웃음)."
일동	(웃음)

❖ **주요 메뉴**

· カジュアルコース 캐주얼 코스
· 大和のごちそうコース 야마토 성찬 코스

음식을 먹을 때 가장 중요한 것은 무엇일까. 맛일까? 단맛·짠맛·신맛·쓴맛·매운맛을 일컫는 오미(五味)만이 최고의 맛과 요리를 구별해내는 기준일까? 단언컨대 아니라고 본다. 물론 요리를 평가할 때 맛을 가장 우선해야 하는 것은 어쩔 수 없겠지만, 어디에서 무엇을 보고 즐기며 먹느냐도 최고의 요리, 최고의 레스토랑을 선별하는 중

요한 기준이라는 것이 내 오랜 지론이다. 같은 요리를 먹어도 내 방에서 먹을 때와 눈앞에 파노라마 뷰가 펼쳐지는 스카이라운지 레스토랑에서 먹을 때의 맛이 다르다. 어떨때는 방구석에서 혼자 즐긴 유명 맛집의 포장 음식보다 경치 좋은 공원 벤치에서 즐긴 붕어빵 하나가 더 잊히지 않는 법이다.

사슴과 놀며 자연 그대로를 즐기기 좋은 나라 공원 주위에 음식을 눈과 입으로 먹을수 있는 곳이 한 군데 있다. 공원 근처 고층 건물에 위치한 고급 중화 레스토랑 '햐쿠라

쿠'다. 룸으로 이루어져 프라이빗하게 즐기기 좋은데, 특히 통창이 있어 와카쿠사(若草)산을 보며 특별한 시간을 보내기에 더할 나위 없이 좋다. 그동안 한국식 또는 중국식 중화요리만 맛봤다면 한 번쯤 큰맘 먹고 도전해볼 만한, 일본식 고급 중화요리의 정수를 보여주는 곳이다.

햐쿠라쿠의 메인은 고급 식재료인 상어 지느러미로 만든 샥스핀 요리다. 상어가 많이 잡히는 일본에서 샥스핀 요리는 그다지 희귀한 요리가 아니다. 고급 레스토랑에서 쉽게 즐길 수 있는데, 아무래도 일반 식재료는 아니기 때문에 가격이 높은 편이다. 이곳도 1인당 한국 돈으로 30만 원 정도. 쉬이 엄두를 낼 수는 없지만, 그만큼 가치가 있다. 눈앞에 펼쳐진 와카쿠사산 풍경만으로도 돈 생각을 잊어버리게 된다. 세계유산으로 등재된 카스가야마(春日山) 원시림을 반찬 삼아 최고급 샥스핀을 먹을 수 있다고 생각하면 한 끼 정도는 사치를 부려도 좋지 않을까 싶은 마음이 스멀스멀 피어오른다.

안내받은 자리에 앉아 고급스러운 만찬을 기다리고 있노라니 문득 부모님 생각이 난다. 이렇게 고급스럽고 맛있는 음식을 먹을 때마다 자연스레 부모님과 가족 생각부터 나는 건 어쩔 수 없는 일인가 보다. 혼자일 때는 비싼 가격에 와볼 생각조차 들지 않지만 부모님과 함께라면 몇 번이고 모시고 와 대접해드리고 싶다. 형편에 맞게 해드릴 수밖에 없지만, 가끔은 이렇게 안절부절못할 정도로 좋은 곳에 모시고 싶다. 소시민의 욕심이자 순수한 꿈이다.

277

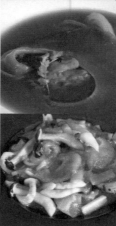

부장님	"자, 오늘은 하이보루는 그냥 넘어가고 쇼코슈 한번 먹어볼래?"
담비	"네!"
부장님	"이거는 마시면서 음식을 즐기기에 딱 좋은 술이야. 그럼 오늘은 쇼코슈를 한번 먹어보자. (종업원을 부르며) 스미마셍, 쇼코슈 10년산…(웃음) 특선 쇼코슈 10년산, 보틀로 주세요."
종업원	"네."
부장님	"쇼코슈는 따뜻하게 먹어. 차게는 안 먹어, 상온으로 먹지."
담비	"흠… 뭔가 맛이 없을 것 같아요."
부장님	"대신 얼음 넣어서 먹어도 돼."
담비	"(웃음) 그게 뭐예요! 그럼 차갑게 먹는 거잖아요."
일동	(웃음)
부장님	"…어?(다들 왜 웃는지 이해하지 못함)"

차례대로 나오는 코스 요리는 샥스핀으로 이런 요리가 가능한가 싶을 정도로 매우 다양하다. 웬만한 고급 코스 요리가 비싼 식재료를 조금씩 써서 만든, 말하자면 아주 콩알만큼씩만 나오는 데 반해, 이 집은 무슨 영문인지 배부를 정도로 푸짐하게 나온다. 작은 접시에 예쁘게 담은 샥스핀 냉채와 성게를 곁들인 샥스핀 조림은 이 비싼 요리에서 가성비를 느끼게 한다. 한 사람당 하나씩 통찜이 나온다는 것부터 말이 되지 않는 가성비다. 예술 작품처럼 예쁘게 플레이팅한 전복과 샥스핀은 중화요리에 대한 편견을 단번에 깨버린다. 이어서 나오는 텐푸라와 하루마키를 보면 그저 헛웃음만 나올 뿐이다.

부장님   "우와… 샥스핀을 텐푸라로 먹는대. (종업원에게) 스미마셍, 하이보루 한 잔 부탁합니다."

김 과장   "하이보루가 있었네요."

부장님   "지금 텐푸라를 보니까 갑자기 탄산이 당겼어. (하루마키부터 먹으며) 하루마키라는 건 이제… 근데 한국에서는 하루마키를 하루마키라고 하니?"

김 과장   "김말이…."

부장님   "그러니까 김말이… 뭐? 김말이?"

일동   (웃음)

부장님   "야, 이걸 어떻게 김말이에 비교하냐? 지금 이 안에 상어 지느러미가 들어 있어!"

샥스핀으로 만든 텐푸라와 하루마키는 '돈이 좋긴 좋군' 하는 맛이다. 이런 맛은 숟가락 들고 처음이다. 이렇게 호사를 누려도 좋을까 싶은 요리다. 호화로운 진미에 정신을 못 차리는 와중에 드디어 메인 요리가 나온다. 이제 메인 요리라고 하는데, 벌써 배가 부른 곤란한 상황이다. 그러나 곧 모습을 드러낸 메인 요리의 자태에 지금까지 먹은 음식들이 순식간에 소화되어 위장이 비워진다. 푸아그라와 샥스핀 스테이크다. 한마디로 '돈값'을 하는 요리다. 방금 전까지 배부르다고 군말하던 녀석은 어디로 사라졌는지 정신을 차려보면 어느새 크게 한 점 입에 넣고 있다.

코스가 어찌나 기승전결로 알차게 구성되어 있는지 마무리는 누룽지죽이다. 테이블에 직접 미니 화로를 가져다놓고 샥스핀 누룽지를 간단하게 조리해준다. 밥인 줄 알고 식사를 마무리하려고 한입 떠먹어보니, 완벽한 술안주다. 누룽지죽을 안주로 한 잔을 새로 시작한다.

다시 말하지만 분명 서민은 자주 도전하지 못할 럭셔리하고 호화로운 한 끼다. 나도 마찬가지다. 그럼에도 이곳이 마음에 드는 것은 분위기와 요리가 돈이 아깝지 않은 수준이기 때문이다. 가끔은 한 끼라도 꿈에 휩싸여 지난한 피로를 풀고 사랑하는 이의 마음을 달래는 시간을 가져보는 건 어떨까. 한여름 밤의 꿈인 양 매우 럭셔리한 한 끼지만 달달한 꿈은 내일 아침에 눈뜰 수 있게 해주는 좋은 양분이 되어줄 것이다. 오늘도 참 잘 먹었다.

담비　　"근데 진짜 배부르다."

부장님　"얘들아, 인당 30만 원짜리야.(웃음)"

담비　　"(당황) 그게 아니라, 인당 30만 원짜리 코스를 먹어도 간에 기별도 안 가는, 그냥 예쁘게만 나오는 것이 많잖아요."

부장님　"너, 많이 먹어본 것처럼 이야기한다?"

일동　　(웃음)

부장님　"맞아, 맞아. 그런 게 있지. 비싸면 비쌀수록 그런 것들이 있는데 여긴 정말 푸짐하고 맛있고…. 사치스러울 정도로 이런 요리를 이런 식으로 먹을 수는 없거든, 사실. 상어 지느러미를 어떻게 이렇게 먹니."

나 피디　"자주 먹는 건 아니죠."

부장님　"자주 먹는 건 아니지. 야, 큰일 나. 파산해.(웃음)"

담비　　"부장님 환갑잔치를 여기서 해드릴게요."

부장님　"… 죽을래?"

일동　　(웃음)

📫 **마츠다의 참견**

1월이 되면 와카쿠사산에서 야마야키(山焼き)를 한다. 야마야키는 봄에 새싹이 잘 돋도록 산을 태우는 행사로, 나라의 주요 볼거리 중 하나다. 이 시기를 잘 공략하면 잊지 못할 풍경을 보며 식사할 수 있다.

これからもよろしく
お願いします。

코레카라모 요로시쿠 오네가이시마스

고급유로 가득 채웠으니
다시 힘내서 달려보자.

난 8명만 맛볼 수 있는 최고급 우나기 코스 요리, 상어 코스 요릿집

슈보 쿠라노마 酒房 蔵乃間

정성 어린 귀한 요리.

부장님 "이 동네가 너무 익숙하지?"

김 과장 "어디서 많이 보던 곳 같네요."

부장님 "전에 왔던 곳이잖아. 여기 옆이 에도가와. 그때는 조금, 뭐라
그럴까, 저렴하진 않지만 적당한 가격에 만족스럽게 즐길 수 있
는 코스였고, 오늘 가볼 곳은 고급 장어 요리를 즐길 수 있는 곳
이야. 여기가 하루에 두 팀밖에 안 받는대."

김 과장 "우와, 대박이다."

부장님 "응. 하루에 두 팀. 총 8명까지밖에 예약을 못한대. 여기가 그런
곳이래."

❖ **주요 메뉴**
_____

· 酒彩コース 슈사이 코스
· 蔵コース 쿠라 코스

일본은 장어에 진심인 나라다. 일본어로 장어를 우나기(うなぎ)라고 하는데, 우자쿠(鰻ざく), 우마키(鰻巻き), 카바야키(蒲焼), 시라야키(白焼), 히츠마부시(櫃まぶし) 등 종류가 매우 다양하다. 얼핏 보면 몇 가지 안 되어 보여도 한국의 장어 요리와 비교해보면 확실히 더 다양하다.

장어는 삼척동자도 알 정도로 대표적인 보양 식품이다. 장어를 먹으면 힘이 불끈불끈 난다는 것이 그냥 하는 우스갯소리가 아니다. 힘차게 헤엄치는 장어야말로 그 어떤 영양제 부럽지 않은 고단백 스태미나 식품으로, 힘이 조금 달리거나 체력이 부칠 때 먹어두면 그렇게 든든할 수

가 없다. 일본에는 가성비가 좋아 부담 없이 즐길 수 있는 대중적인 우나기 전문점부터 다소 비싸지만 그 값을 제대로 하는 고급 우나기 전문점까지 다양하게 있다. 식도락 여행이 가능한 나라도 마찬가지인데, 나라마치(ならまち)에 최고급 장어 요리를 맛볼 수 있는 고급 장어 코스 요릿집이 있다. 바로 오라를 뽐내며 조용히 자리를 지키는 '슈보 쿠라노마'다.

1층과 2층으로 이루어진 이 식당은 하루에 딱 두 팀만 받는다. 각 층에 한 팀씩 받는데, 모두 예약되면 아무리 밖에서 기다려도 들어갈 수 없단다. 최대 인원이 두 팀을 합해 8명까지라니, 장어 맛 한번

보기가 아주 까다롭다. 이쯤 되면 '얼마나 맛있길래?' 하는 호기심과 기대감이 배고픔을 이긴다.

실내는 매우 고급스럽다. 일본 고택의 아름다움에 흠뻑 빠질 법한 분위기인데, 손님이 우리뿐이다 보니 고요한 분위기에 압도된다. 하지만 안내에 따라 자리에 앉아 친절한 직원의 설명을 들어가며 맥주부터 시키고 나면 언제 그랬냐는 듯 이내 긴장이 풀린다. 오히려 어느 순간부터는 그 고요가 반갑고 편하다.

장어 종류는 날마다 다른데, 그날그날 주방장이 직접 골라 요리한다고 한다. 오늘 우리가 먹을 장어는 가고시마현의 장어. 요리하기 전에 주방장이 직접 장어를 보여주고 손질을 시작한다. 이런 식은 처음이라 생물 장어를 볼 때는 조금 당황스럽기도 하지만, 한편으론 손질부터 모든 요리 과정을 손님이 볼 수 있게 한 이곳만의 방식에서 주방장의 높은 프라이드와 요리에 대한 뚝심을 엿볼 수 있다.

장어 손질법은 지역별로 조금씩 다르다. 도쿄가 있는 관동과 오사카가 있는 관서 지역이 특히 다른데, 옛날의 에도가 있던 도쿄 지역에서는 사무라이가 할복을 하던 관례가 있었기 때문에 장어의 배를

가르는 것에 민감했다고 한다. 그 때문에 별로 좋은 징조가 아니라고 생각해 장어를 손질할 때도 배가 아니라 등을 가르게끔 했던 것이 지금까지 굳어 관동에서는 등을 가른다고 한다. 반면 상인이 많았던 관서 지역에서는 당시 상인들의 말버릇이었던 "탁 터놓고 이야기합시다"처럼 호탕하게 장어의 배부터 가르는 걸 선호했다고 한다. 어디까지가 사실이고 지은 말인지 알 길 없는 설이기는 하나, 두 지역의 서로 다른 손질법은 흥미를 돋우는 재미난 차이점임에 분명하다.

이런저런 생각을 하며 눈앞의 귀신 같은 손놀림을 구경하다 보니 어느새 차례차례 장어 진미가 등장한다. 뜨거운 물에 장어를 살짝 데친 유비키(湯引き)부터 사과 칩으로 만든 장어 훈제 모둠까지 군침 돌지 않는 것이 하나도 없다. 이 집의 매력은 전통과 창작이 절묘하게 어우러진다는 점인데, 장어 요리의 전통적인 맛은 그대로 살리면서 자신들만의 해석을 더해 세상에 없던 요리를 만들어냈다. 한 번쯤 먹어본 맛인 것 같으면서 한 번도 먹어보지 못한 새로운 맛이다.

다음은 야나가와나베(柳川鍋). 이제 장어를 본격적으로 맛볼 시간이다. 원래 야나가와나베는 미꾸라지로 하는 요리지만, 장어를 넣은 버전도 무척 맛있어 만족스럽다. 나베를 남김없이 먹고 술로 입가심을 하고 있으니 주방장이 꼬치를 내준다. 아까부터 앞에서 열심히 굽던 꼬치다. 각각 장어 살, 간, 지느러미 꼬치로, 지느러미(히레, 鰭)는 파로 돌돌 말아 구워 풍미를 끌어올렸다. 소금이나 타레에 찍어 먹으면 놀랄 정도로 바삭바삭하다. 숯불을 적당히 피워 제대로 활용한 주방장의 숙련된 기술에 감탄이 절로 난다. 생김새는 야키토리(닭꼬치)와 비슷하지만 감히 비교할 수 없는 맛이다. 표현하기 어려울 정도로 맛있다. 맛 표현은 일찌감치 포기하고 그다음에 나올 요리를 기다리기로 한다.

어느 정도 장어를 먹으니 혹여 질릴세라 야마토규(大和牛)의 등심을 내준다. 야키니쿠다. 그렇지 않아도 계속되는 장어 요리에 약간의 입가심이 필요했는데, 타이밍 적절한 센스 있는 코스 구성에 혀를 내두르게 된다. 그렇게 소고기로 한번

더 배 속을 다잡고 다시 장어 요리로 빠져든다. 자태 고운 장어찜과 타레에 묻혀 구운 카바야키다.

이런 산해진미에 술을 빼놓을 수 없다. 나라에 온 만큼 술도 나라 술을 시킨다. 나라의 이코마(生駒)에서 나온 이코마 레이슈(冷酒)를 시키니 술이 와인 잔에 나온다. 고급스러운 찜과 꼬치에 이보다 딱 맞는 잔이 또 있을까 싶다. 그리고 이어서 내가 가장 좋아하는 술인 하루시카 다이긴조(春鹿 大吟醸)까지 시킨다. 어느 요리와 먹든 최고의 맛을 보장하는 아주 멋진 술이다.

김 과장	"뭔가, 장어 요리보다 술 나왔을 때 더 좋아하시는 거 같아요."
부장님	"(한 잔 마신 후) 캬아… 맛있네, 역시. 이 맛을 모르는 사람은 정말 인생의 반은 손해 본다."
김 과장	"부장님, 이게 술이 맛있는 건가요, 아니면 요리와 잘 어울려서 맛있는 건가요?"
부장님	"둘 다."
김 과장	(웃음)
부장님	"한 잔만 더 먹자, 너무 맛있어."
일동	(웃음)

단순한 보양식인 줄 알았던 장어가 이토록 고급스러운 진미가 될 줄 몰랐다. 지금까지 먹어보지 못한 맛을 위에 가득 채우니 마음까지 보양이 되는 듯하다. 여기서만 먹을 수 있는 이 귀한 요리를 언제 또 먹어볼지는 모르겠으나, 그리 멀지 않은 미래일 것이라 되뇌며 더 열심히 일할 힘을 얻는다. 웬만한 보양식보다 더 힘을 돋우는 메뉴다.

🧳 **마츠다의 참견**

평소 간을 좋아하지 않더라도 꼬치로 나온 간은 꼭 먹어보길 바란다. 자고로 간을 먹어야 그 집 장어 맛을 알 수 있다고 했다. 그런 점에서 이 집은 매우 합격이다.

ごちそうさまでした。

고치소사마데시타

정말 잘 먹었습니다.

일본 고급 요정의 정수, 료우테이 카이세키집

하쿠라쿠소 百楽荘

나라에서 만난 아주 특별한 저녁.

오카미상 "괜찮으시면 술도 준비해드릴까요?"

부장님 "술….(웃음)"

오카미상 "(웃음) 너무 빨랐나요?"

부장님 "아니요, 전혀요! 늦었어요."

일동 (웃음)

부장님 "이렇게 신경 써주셔서 감사합니다."

술을 주문한다.

오카미상 "그럼 그렇게 술을 준비해드리겠습니다."

부장님 "네, 감사합니다."

오카미상 "…늦었던 거구나(웃음)."

❖**주요 메뉴**

· 会席『雪』눈 카이세키
· 会席『月』달 카이세키
· お昼限定 会席『花』꽃 런치 카이세키

여행이란 평범한 일상에서 특별한 순간을 가져보기 위해 하는 것이 아닐까. 여행을 하는 목적은 모두 다르겠지만 평소에는 할 수 없는 경험(그게 좋은 경험이든, 힘든 경험이든)을 기꺼이 몸소 체험하고 느껴보고자 여행길에 오르는 건 다 같을 것이다. 그렇다면 음식도 평소와는 조금 다르고 특별한 것을 먹어봐야 하지 않을까?

지금은 굳이 일본을 방문하지 않아도 일본 음식을 먹을 수 있는 시대다. 참 좋은 세상이다. 심지어 휴대폰 버튼 몇 번만 누르면 오코노미야키가 집으로 배달되어 온다. 상황이 이렇다 보니 이제는 여행의 당위성을 단순한 미식 여행에서 찾아서는 체면이 서지 않게 됐다. 미식이라 할지라도 일본에서 여행할 때만 먹을 수 있는 정말 특별한 미식이어야 여행의 명분이 되고 목적이 될 수 있다. 그런 의미에서 '햐쿠라쿠소'는 이 한 곳만을 위해 일본에 온다 하더라도 충분히 납득이 갈 만한 매우 특별한 곳이라 할 수 있다.

나라의 가쿠엔마에(学園前)에는 원래 부자들이 살던 동네로 대저택이나 별장이 많았다고 한다. 지금도 곳곳에 그때 모습을 그대로 간직한 고택이 많다. 모두 일본풍의 럭셔리한 아름다움을 보여주는 드넓은 고택이다. 햐쿠라쿠소도 그런 곳 중 하나로, 옛 오사카의 재력가인 이즈미오카 상이라는 사람의 별장이었다고 한다. 당시에는 8만 평의 드넓은 정원과 규모를 자랑하던 곳이었단다. 지금도 그에 못지않은 1만 평짜리 정원이 매우 고급스러운 '료우테이(料亭)'의 위용을 제대로 보여준다.

료우테이는 한국어로 '요정'이라는 뜻이다. 한국에서는 요정이 다소 부정적인 곳으로 치부되지만, 일본에서는 전혀 그렇지 않다. 료우테이는 최고급 요정, 즉 최고급 식당으로 카이세키(会席) 요리라는 매우 럭셔리한 일본 요리를 내놓는 곳이다.

　　아름다운 자연과 일본의 조경 미학을 맘껏 엿볼 수 있는 1만 평의 드넓은 정원을 뒤로하고 오카미상(おかみさん)의 안내에 따라 우리만을 위한 별채로 향한다. 기모노를 갖춰 입고 친절하게 응대하는 오카미상의 모습에 여기가 일본이라는 것이 새삼 다시 느껴진다. 별채는 총 여덟 곳으로 한 곳당 하루에 한 팀만 받는단다. 저녁 한 끼를 독채에서 편히 즐길 수 있는 것이다. 단체 손님은 좀 더 넓은 본채에서 즐길 수 있다. 별채를 지탱하는 기둥 하나에도 세월의 흐름이 녹아 있다. 어느 것 하나 멋스럽지 않은 것이 없다. 평범하기 그지없는 소박한 현관문도 이곳에선 미술관에 놓인 작품인 양 빛이 난다.

부장님 "여기가, 봐봐. 이렇게 별채가 많잖아? 나도 듣고 진짜 깜짝 놀랐는데, 하루에 예약을 한 팀밖
에 안 받는대. 만약에 너랑 예약을 해서 왔어. 그러면 그날 저녁은 너랑 나랑 이 별채 한 채를
다 쓰는 거야."

김 과장 "와…."

부장님 "어마무시하지 않냐?(웃음) 그만큼 여기가 고급이라는 거지."

김 과장 "엄청 비쌀 것 같은데…."

부장님 "응, 비싸기도 비싸고 다른 곳에 선전도 잘 안 해. 미슐랭이 돼도 한참 전에 됐어야 되는 집인
데, 그런 선전을 안 한다고. 대단한 집 아니니? 그런 곳을 내가 온 거야.(웃음)"

일동 (웃음)

실내의 아름다움은 더 말할 것도 없다. 계절을 품은 정원의 아름다움이 실내까지 고스란히 이어져 있다. 창이 열려 있어 정원의 경치를 구경하며 최고급 카이세키 요리를 먹을 수 있다. 신선도 부러워할 놀음이다. 프로다운 면모를 여실히 보여주며 필요한 것이나 불편한 것은 없는지 먼저 말을 건네주는 친절한 오카미상 덕분에 메뉴를 쉽게 고를 수 있다. 추천해주는 대로 코스와 술을 주문한 다음, 정원을 바라보며 잠시 동안 머리를 비운다.

카이세키 요리는 우리말로 '회석 요리'다. 일본어로는 한자가 두 가지인데, 원래는 카이세키(懷石)라고 해서 차를 마시기 전에 빈속을 달래기 위해 아주 간단히 먹던 소량의 음식을 일컫는 말이었다. 그러다 세월이 지나 연회에서 사람들과 이야기 나누며 먹는 음식이라는 뜻으로 바뀌어 만날 '회(会)'에 앉을 자리 '석(席)'을 쓰게 되었다. 이제는 그 뜻으로 완전히 굳어 고급 연회에서 먹는 요리로 불린다.

사실 일본에 있으면서 카이세키 요리를 여러 번 먹어봤지만, 별로 만족스러웠던 적이 없다. 지금껏 접한 카이세키 요리는 흔히 알고 있는 대로 그저 비싸고 고급스러운 일본 코스 요리, 딱 거기까지였다. 고급스럽고 비쌌지만 그게 전부였다. 물론 아주 예뻤다. 예술 작품처럼 매우 예뻤지만, 아쉽게도 맛은 그저 그랬다. 그래서일까, 나에게 카이세키 요리는 그림처럼 예쁘기만 한 요리일 뿐이었다. 이곳 햐쿠라쿠소에 오기 전까지는. 이곳의 카이세키 요리가 내 편견을 허

무할 정도로 아주 간단하게 깨버렸다.

　이곳의 찬란한 미식 여행은 요시노(吉野) 지역의 삼나무로 만든 젓가락을 드는 것으로 시작된다. 언뜻 보면 여느 카이세키 요리와 비슷하게 느껴지지만, 이로 물고 혀로 감싸는 첫입부터 다른 집 요리와는 다르다. 잡생각이 한순간에 날아갈 정도로 맛있다. 리듬감 있게 줄지어 나오는 소량의 음식이 각기 다른 진미를 뽐내는데, 무엇을 먹든 맛있고 어떤 걸 고르든 새롭다. 한마디로 골라 먹는 맛이 있다. 각 요리 사이사이에 조금씩 뜬 시간이 못내 아쉬워 니혼슈를 마시며 조급함을 달래야 할 정도다. 지금까지 먹어본 카이세키 요리는 진정한 카이세키가 아니었음을 절실히 느낀다.

부장님   "카이세키 요리라고 하면 정말 맛없는 게 나오거든?(웃음) 사실이 그
래. 대부분 카이세키 요릿집에 가보면 예쁘기만 하고 그렇게 맛있어 보
이지는 않지. 그런데 여기는 딱 보면 군침이 돌아. 왜 그럴까?"

음식을 한입 먹는다.

부장님   "…맛있네."

    전채 요리로 나온 참깨 두부는 맛이 순하면서도 굉장히 진하다.
깨로 만들어 고소한 풍미가 남달라서 그런지, 저절로 술이 생각나는
맛이다. 오사카의 술꾼이 이런 진미를 앞에 두고 술을 생략할 수 있
으랴. 나라를 대표하는 니혼슈 '하루시카(春鹿)'를 추천받아 주문한
다. 대표적인 카라구치(辛口) 술로, 굉장히 드라이하다. 격조 있는
잔에 담긴 하루시카로 입가심을 하고, 이어 나온 코모치아유(子持ち

鮎)를 맛본다. 코모치아유는 알이 꽉 찬 은어 요리로, 일본에서도 아주 드문 요리에 속한다. 이런 카이세키 요리는 대부분 그 지방의 식재료로 특색을 살린 요리가 대부분이다. 여기에서는 청어가 자연적으로 다시마에 낳은 알을 요리한 코모치콘부(子持ち昆布)와 연어 스시를 함께 내온다.

매일 다른 요리가 나오는 만큼 방문하는 계절에 따라 어떤 요리가 나올지 기대하는 재미가 있다. 그런 재미를 느끼며 뜨끈한 완모리(わん盛り, 닭고기, 생선, 채소 등을 삶아 그릇에 담고 국물을 부은 것) 국물로 속을 얼추 정리하고 갓 나온 마구로(まぐろ, 참치)와 새우 사시미로 젓가락을 옮긴다. 평소 맛이 없으면 뱉어버릴 정도로 마구로에 진심이라 입에 넣기 전 약간 긴장했지만 괜한 걱정이었다. 보

통 '텐미(天身, 붉은 생선의 살 부위)'가 맛있는 마구로가 진짜 맛있는 마구로인데, 이 집의 텐미는 이름 그대로 하늘의 맛이다. 합격점을 거뜬히 넘는다. 겉만 살짝 익힌 쿠루마에비(クルマエビ, 보리새우)도 아주 만족스럽다.

또다시 요리에 어울리는 술을 추천받아 주문한다. 사케를 뜨겁게 데운 아츠캉(熱燗)이다. 뜨거운 것보다 미지근한 누루캉(温燗)을 좋아하는 사람은 조금 식혀 먹으면 된다. 다음 요리는 니신노우마니(ニシンのうま煮), 청어찜이다. 개인적으로 청어는 별로 좋아하지 않지만 이 요리는 그런대로 마음에 든다. 걱정이 기우였던 듯 다행스럽게도 역시 맛있다.

이어 코메코우지(米麹, 쌀누룩)에 절인 삼치와 야마토우시(大和牛, 와규의 한 종류) 호바(朴葉, 후박나무 잎)야키가 나온다. 삼치는 소금이나 간장이 필요 없을 정도로 간이 되어 있어 그냥 먹어도 매우 맛있다. 야마토우시는 미니 화로에 구워 먹는 것인데, 지글지글 고기 익는 소리에 절로 군침이 돈다. 한입 맛보면 "뭐야, 이거?"라는 소리가 나올 정도로 엄청 맛있다. 너무 맛있어서 짜증이 날 정도다.

누가 카이세키 요리는 배고픈 요리라 했는가. 조금씩 나와도 워낙 가짓수가 많아 후반에는 배가 불러 허리띠로 손이 가는 걸 의식적으로 막아야 할 정도다. 바지 허리에 얼마나 여유가 남았는지 눈대중으로 신경 쓰며, 쉬지 않고 나오는 연근 만두와 미소시루(味噌汁, 된장국), 츠케모노(つけもの, 채소 절임)로 즐거웠던 미식 여행을 마무리한다.

📁 마츠다의 참견

입구에 위치한 문은 일명 '장수문'으로 중국의
복건성 모양을 그대로 재현해놓은 것이라고
한다. 이 문을 지나면 장수한다는 속설이 있으
니 그냥 빠르게 지나치지 말고 의미를 되새기
며 지나보자. '하쿠라쿠소'라고 쓰인 간판이 작
게 걸려 있다.

夜は短し歩けよ、松田さん。

요루와 미지카시 아루케요, 마츠다 상

꿈처럼 펼쳐지는 한여름 밤의 미식 여행.

규슈의 명물 닭 나베를 제대로, 미즈타키집

순사이도코로 하타세 旬菜処 畑瀬

든든한 보양식으로
오늘 하루도 거뜬하게.

부장님 "규슈 지방 전체의 특징이기도 한데, 닭이 맛있잖아,
여기는."

김 과장 "닭이 유명해요?"

부장님 "응. 미야자키현에 있는 미야자키 지도리라든가, 그런
토종닭이 유명하잖아. 여기는 미즈타키라는 게 있어.
규슈 지방에서 처음 만든 게 미즈타키야. 여기는 대부
분 미즈타키라는 게 닭이야."

김 과장 "그래서 야키토리가 맛있다고 하는 거구나."

부장님 "그렇지."

❖주요 메뉴

・ 水炊き 미즈타키

어디를 가든 그 지역에서 특히 더 제대로 즐길 수 있는 것이 있다. 볼 거리나 놀 거리부터 음식까지, 어떨 때는 이런 특별한 지역 특징이 여행의 목적이 되기도 한다. 일본도 마찬가지다. 지역마다 조금씩 다른 식문화가 발전한 곳이 있다. 그래서 일본 전역을 다니며 각 지역의 각기 다른 특산물과 음식을 맛보는 것도 제법 쏠쏠한 여행 포인트가 된다. 지역마다 지리도 다르고 역사적 환경도 다르기 때문에 가능한 일이다. 그중에서도 특히 규슈가 그렇다.

여행자에게 '규슈 하면 가장 먼저 떠오르는 것'을 말해보라 한다면, 아마 제각각의 답이 나올 것이다. 누구는 온천을 이야기할 것이고 누구는 구마몬을 이야기할 것이다. 하지만 웬만한 애주가라면 서로 약속이라도 한 듯 무기 소주를 외칠 것이다. 분명하다. 이곳, 특히 오이타현이 보리로 만든 소주인 무기 소주의 본고장이기 때문이다. '니카이도(二階堂)'라든가 '이이치고(いいちこ)' 같은 유명한 무기 소주가 모두 규슈의 오이타현에서 나온다. 그래서 나에게도 규슈는 더욱 반갑고 즐거운 여행지다.

규슈에 오면 반드시 먹어야 할 명물이 하나 더 있다. 무기 소주도 좋

고 온천도 좋지만, 꼭 한번은 미즈타키를 먹어봐야 한다. 미즈타키는 끓는 물에 고기를 넣어 먹는 것을 말하는데, 샤부샤부를 떠올리면 이해하기 쉬울 것이다. 규슈는 닭이 맛있기로 유명하다. 미야자키현의 토종닭인 '미야자키 지도리'가 매우 유명한데, 그래서인지 규슈에서는 미즈타키에 닭을 넣어 먹는 것이 일반적이다. 한마디로 한국의 삼계탕 같은 것이라고 생각하면 된다. 참고로 미즈타키 자체도 규슈 지방에서 처음 만든 음식이다.

규슈의 많은 미즈타키집 중에서 특히 추천하고 싶은 곳이 '슌사이도 코로 하타세'다. 약 23년 경력을 자랑하는 장인이 만드는 미즈타키로 유명한 집인데, 음식에 대한 정성이 아주 남다르다. 얼마나 정성을 쏟는지, 나마비루를 따를 때 거품을 정리하는 주인장의 모습만 봐도 그 마음가짐을 알 수 있다.

부장님 "우리가 보통 먹는 미즈타키랑 규슈 지방의 미즈타키는 전혀 다른 거야. 오사카 지방에서 먹는 건 물이야, 물. 그야말로 미즈. 거기다 다시마 같은 걸 하나 넣는 거야."

김 과장 "육수가 아니에요?"

부장님 "아니야. 사실 샤부샤부도 미즈타키에 들어가. 텟치리도 그렇고. 규슈 지방에서는 닭이 주류야, 닭이. 진하게 끓여낸 닭 육수로 먹는 게 보통 규슈 지방의 미즈타키야."

한국어를 공부하고 있다는 여주인의 응대가 유독 친절하다. 좀 더 각별한 대접을 받아서 그런지 첫 음식으로 나온 닭 껍질(토리가와)조차 입에서 녹는 것 같다. 여주인이 직접 폰즈를 뿌려주는데, 부담스럽지 않은 맛이라 좋다. 원래 규슈 지방의 폰즈가 다른 지방보다 연하다. 여기에 가게에서

직접 만든 유자 후추(유즈코쇼)를 넣으니 조금 매콤한 맛이 된다. 한국인이 좋아하는 부담스럽지 않은 매콤함이다.

본격적으로 나온 미즈타키는 슬쩍 보기만 해도 웃음이 나올 만한 인심이다. 큰 자기 냄비에 육수와 닭고기, 채소를 가득 담아 내오는데, 닭고기가 어찌나 많이 들어 있는지 일일이 세기도 번거로울 정도다. 불을 댕긴 후 처음에는 국물부터 맛을 본다. 역시 탁월한 선택이었다. 몇 숟가락만 먹었는데도 벌써부터 몸이 후끈후끈해지는 것 같다. 이만한 보양식이 또 어디 있을까 싶은 음식이다. 고기가 어느 정도 익은 것 같으면 채소와 함께 닭고기를 음미한다. 쑥도 양배추도 모두 맛있다. 닭고기의 맛을 배가하기에 아주 훌륭하다. 국물이 적절하게 밴 닭고기는 굳이 소스를 찍지 않아도 맛있다. 미즈타키는 원래 마무리로 우동이나 죽을 먹는다. 이 국물 맛과 고기 맛으로 봐서는 우동이나 죽도 분명히 환상적으로 맛있을 것이다.

부장님	"대박…. 와…."
	국물을 계속 마신다.
김 과장	"(웃음) 부장님이 갑자기 해장을 시작하셨다, 큰일 났다."
부장님	"야, 이 국물 하나로 소주 열 병은 마시겠다. 죽이지?"
유나	"보약 같아요, 보약."
부장님	"(재킷을 벗으며) 나 지금 이거 몇 모금밖에 안 마셨는데 몸이 후끈후끈해져. 규슈 일주해도 이렇게 맛있는 미즈타키는 못 먹어. 장담한다, 내가. 다이쇼(대장님)! 여기 괜찮은 술 좀 추천해주세요!"
주인장	"아무거나 마음껏 드세요, 먹고 죽을 만큼 있으니까요."
일동	(웃음)

🧳 **마츠다의 참견**

미즈타키에 뼈가 있는 닭 날개도 들어 있으니 먹을
때 주의할 것.

久しぶりに元気が出ました。

히사시부리니 겡키가 데마시타

참 잘 먹은 한 그릇의 보양식.

미슐랭 1스타 라멘

니시무라 멘 ニシムラ 麺

일식과 양식의 절묘한 만남.

부장님　"낮에만 니시무라 멘을 하고 저녁에는
　　　　　퓨전 일식을 내는 '니시무라 타카히토
　　　　　라 퀴진 크리에이티브'라는 미슐랭 1
　　　　　스타 고급 레스토랑을 하지. 점심에만
　　　　　같은 셰프님이 라멘을 만들어주신대."

김 과장　"와, 대박이다. 미슐랭 라멘이라고 생
　　　　　각하고 먹어도 될 정도네요?"

부장님　"그렇지. 세 종류의 라멘이 있는데 난
　　　　　오늘 그 세 종류를 다 먹어볼 거거든."

김 과장　"너무 기대돼요."

❖**주요 메뉴**
―――――――――――――――――――

· ニラのクリア塩ラー麺
　부추 클리어 소금 라멘
· トリュフと椎茸薫るラー麺
　트러플 표고 라멘
· カルボナーラつけ麺
　카르보나라 츠케멘

　새로운 것이 들어올 때는 언제나 진통을 겪는다. 아끼던 기존 것이 사라질지도 모르며 곧 찬밥이 될 거라는 사실에 두려움과 분노를 느끼는 사람들. 그리고 그와는 반대로 새로운 것에 대한 기대와 설렘으로 가득 찬 사람들. 이 둘이 적당한 합의점을 찾아 원만하게 흘러가면 좋겠건만 아쉽게도 언제나 두 진영 간에는 다툼과 갈등이 생긴다.

　음식도 똑같다. 수십 년, 수백 년간 먹어오던 음식이 하루아침에 다른 음식으로 대체되고, 그동안의 입맛이 구식으로 치부된다면 견딜 수 있는 사람이 몇이나 될까. 그렇다고 새로운 맛을 시도하는 즐거움을 아예 없애는 것도 참을 수 없다. 사람의 역사가 계속되는 한 이른바 '음식 세대교체'는 일정한 주기로 반복될 것이고, 그때마다 갈등은 계속될 것이다. 아무 탈 없이 신구가 완벽하고 자연스럽게 교체되려면 기존 것은 기존대로 존중하고 대우하되 새로운 것의

좋은 점을 제대로 천천히 반영해야 한다. 규슈에 이것을 아주 잘하는 식당이 있다. 낮과 밤의 모습이 다른 '니시무라 멘'이다.

니시무라 멘은 일본 요리 '와(和)식'에 서양(洋) 요리를 절묘하게 녹여낸 퓨전 요리로 유명한 일식 레스토랑이다. 정식 명칭은 '니시무라 타카히토 라 퀴진 크리에이티브'. 미슐랭에서 별 하나를 받은, 여러 곳에서 인정받은 곳이다. 일본에서 퓨전 일식 요리로 미슐랭 별을 받은 곳은 이곳뿐이다(내가 방문했을 때 기준이다). 사실 일식이면 일식, 양식이면 양식이지, 예전만 해도 퓨전이라는 장르 자체가 없었던 걸 생각하면 괄목할 만한 문화적 발전이라고 할 수 있다.

이런 고급 퓨전 일식 레스토랑이 낮에는 전혀 다른 모습으로 변신한다. 본모습보다 조금은 무게를 덜어낸 라멘집으로 바뀌는 것이

다. 라멘집으로 운영한다고 해서 이곳만의 특별함이 달라지진 않는
다. 특색 있는 퓨전 라멘 세 가지를 선보이며 기존 정통 일식 라멘
에서 한발 더 나아간 색다른 맛으로 손님의 입맛을 사로잡는다. 프
랑스에서 요리를 공부한 셰프가 만드는(본영업에서도 동일한 셰프
가 요리한다) 라멘을 선보이는데, 프랑스 풍미를 가미한 일식 라멘
을 먹을 수 있다는 사실 하나만으로도 희소성과 가치가 충분하다.

　　연식을 알 수 없는, 아주 오래된 일본 서민주택을 개조해 만든
레스토랑은 외관도 실내도 매우 고즈넉하다. 곳곳에서 전통적인 세
련미를 느낄 수 있는 인테리어다. 모던한 현대미와 레트로한 고전
미가 섞인 인테리어에 옛것과 새것이 섞인 이 집의 음식 맛이 더 도
드라진다.

　　라멘은 세 가지다. 이름부터 저마다의 개성을 주장하는데, 부추

로 맛을 낸 '부추 클리어 소금 라멘', 강한 트러플 향이 코를 사로잡는 '트러플 표고 라멘', 비주얼로만 봤을 때는 제일 양식처럼 보이는 '카르보나라 츠케멘' 등이다. 먼저, 부추 클리어 소금 라멘은 국물이 매우 투명한데, 얼핏 평범해 보이는 라멘에서 프랑스 향기가 솔솔 나는 신기한 라멘이다. 이름만 봤을 때는 으레 그렇듯 부추를 듬성듬성 썰어 수북이 올렸을 거라 생각했는데, 아무리 찾아도 부추의 끄트머리도 보이지 않는다. 알고 보니, 위에 올린 초록색 페이스트가 부츠 페이스트란다. 순간 내가 얼마나 촌스러운지 느껴져 얼굴이 다 화끈거렸다.

먹는 방법은 간단하다. 딸려 나온 올리브 오일을 뿌려 먹으면 된다. 그런데 역시 보통의 라멘 맛이 아니다. 일본에서 흔히 먹을 수 있는 시오 라멘(塩ラーメン, 소금 라멘)에 프렌치 스타일을 가미한 맛으로, 매우 독특한데 맛있다. 주의할 점은 평소 버릇으로 국물을 떠 먹으면 낭패를 볼 수 있다는 것이다. 올리브 오일이 국물에 둥둥 떠 있어 국물을 맛보기보다는 면과 함께 전체적으로 먹어야 맛있다.

나머지 두 라멘도 맛으로는 일찌감치 합격이다. 새로운 것에 대한 거부반응보다 맛있는 것에 대한 환영 반응이 몸에서 먼저 나온다. 먼저 트러플 표고 라멘은 트러플 향이 강한 것이 특징인데, 곁들인 바게트 슬라이스를 라멘에 푹 찍어 먹으면 와인 안주로도 손색이 없다. 꾸덕꾸덕한 카르보나라 소스에 면을 찍어 먹는 카르보나라 츠케멘은 일식과 양식의 기막힌 조화에 탄식이 절로 나오는 맛이다. 라멘이라기에는 카르보나라 파스타이고, 카르보나라 파스타라고 하기에는 라멘이다. 일본과 양식이 절묘하게 섞인 진정한 '와요셋추(和洋折衷, 일양절충)'다.

날이 어둑어둑해지는 저녁에서야 비로소 이곳의 진면목이

드러난다. 일본에 한 곳밖에 없는 아주 유니크한 레스토랑으로 변신한다. 매우 고급스러운 요리가 나오는데, 소량의 아주 예쁜 요리 12~13가지가 코스로 제공된다. 하루마키부터 파스타인지 헷갈릴 정도로 화려한 비주얼을 자랑하는 소면까지, 더할 나위 없이 근사한 코스 요리를 맛볼 수 있다.

일본에서 일본 요리를 먹었는데, 마치 프랑스에 다녀온 것 같은 느낌. 프랑스 요리인가 하며 한참 맛있게 먹었는데 다시 보니 일식 요리다. 큰 시계를 들고 다니는 토끼에게 속아 넘어가기라도 한 듯 이상하고 신기한 퓨전 요리의 세계에 점점 더 빠져든다. 이리 맛보고 저리 맛봐도 신비롭고 매력적인 곳이다.

종업원 "다음은 소면인데, 차가운 파스타 같은 느낌으로 만들었습니다. 얼린 토마토로 당분을 올린 소스를 곁들인 파스타입니다."

부장님 "감사합니다. (파스타를 한참 보며) 와, 이건 예뻐서 못 먹겠다."

파스타를 한입 먹는다.

부장님 (웃음)

나 피디 "이제는 저 웃음의 의미를 알겠어.(웃음)"

부장님 "이야~ 진짜 기가 막히다, 이거. 쫄깃한 소면의 식감은 그대로 살려냈는데 맛은 파스타야. (계속 씹다가) 윽, 마지막에 또 뭐가 왔어. 오오바(おおば, 깻잎같이 생긴 채소). 마지막에 오오바 향이 확 퍼지네. 완전히 이거 '와(和)'랑 '요(洋)'를 섞어놨네. 대박이다, 이거."

📋 **마츠다의 참견**

트러플 표고 라멘을 다 먹은 후에 직원이 가져다 준 밥에 라멘 국물과 고기를 조금씩 넣고 치즈를 뿌려 먹어보길. 마치 리소토 같다.

ふしぎの国の松田さん。

후시기노 쿠니노 마츠다 상

깨고 싶지 않은 환상의 꿈.

야키니쿠 오마카세

유키 游來

고급 야키니쿠 코스 요릿집에서
가성비를 만나다.

부장님   "우리가 야키니쿠집은 많이 가봤잖아."

김 과장   "그렇죠. 그런데 여긴 좀 특별하지 않습니까?"

부장님   "내가 왜 굳이 하카타에까지 와서 야키니쿠집을 왔게? 와규란 와규는 여러 가지를 많이 먹어봤지만 여긴 규슈야."

김 과장   "아, 유명해요?"

부장님   "아유, 말해 뭐 해. 근데 그건 둘째치고 이 집이 한국어로는 미슐랭, 일본어로는 미슈랑 (웃음)…. 그것도 2년 연속인가, 3년 연속 받은 아주 특별한 야키니쿠집이야."

❖ **주요 메뉴**
_____

· お任せコース 오마카세 코스

규슈 하카타의 '니시나카스(西中洲)'라는 곳에 한 장인이 고기를 굽고 있다. 그를 '장인(匠人)'이라 부르는 이유는 어느 분야이든 자기 일에 통달할 만큼 긴 시간을 전념하며 애쓰는 사람이라면 누구나 장인이라고 불릴 만하다고 생각하기 때문이다. 그런 점에서 '유키'라는 고급 야키니쿠집 주방장도 가히 장인이다. 고기 하나에 뚝심과 고집을 담는 사람이다. 그런 사람이 직접 골라 내주는 고기의 맛이야말로 언제든 믿고 먹을 수 있는 천하의 진미다.

이 집은 야키니쿠를 오마카세로 내는 집이다. 야키니쿠집이야 지금까지 원 없이 다녀봤지만 이렇게 고급스러운 오마카세집은 별로 가보지 못했다. 왁자지껄한 서민풍 고깃집과 달리, 외관부터 인테리어까지 고급스럽고 중후한 분위기가 음식을 대하는 이 집의 진지함을 보여준다. 음식점보다는 바 같은 분위기다.

오마카세를 구성하는 고기 부위나 요리가 날마다 달라지는데, 손님의 취향이 기준이라고 한다. 그 말은 자주 오는 단골손님이 어떤 것을 맛있어했는지 하나하나 기억하고 있다가 다음에 다시 왔을 때 좋아했던 것들 위주로 내준다는 의미다. 다시 말해 손님의 표정, 반응, 입꼬리 하나하나까지 세세하게 살핀다는 이야기다. 요즘 같은 시대에 귀하디귀한 집이다. 만일 먹지 못하는 부위가 있거나 알레르기가 있을 경우 미리 말하면 그것들은 제외하고 요리한다.

전채 요리로 대게를 곁들여 시너지를 낸 와규 로스트 비프가 나왔다. 원래 로스트 비프는 겉만 구워 고기 안에 육즙을 가둬놓은 것인데, 그 육즙이 고기 위에 올린 대게와 환상의 조화를 이룬다. 아주 똑똑한 맛이다. 언어가 채 되지 못한 감탄의 소리를 신호로 본격적인 와규의 세계가 펼쳐진다.

나 피디　"부드러워요?"

부장님　"부드럽고 그런 게 아니라 맛이 확실히 느껴져. 고기의 육즙이 대게의 맛과 짝…."

김 과장　"어울려요?"

부장님　"난 이게 어울릴 줄 몰랐어."

김 과장　"뭔가 설명으로만 듣기에는 '어울릴까?' 이런 느낌인데…."

부장님　"그치? 근데 이거… 진짜 맛있네."

부장이 플라밍고 하이보루로 입가심을 한다.

부장님　"(웃음) 잠깐, 근데 이거 꽃을 먹고 있는 것 같아."

　　　취향을 어떻게 간파했는지 신기할 정도로 내 입맛에 딱 맞는 고기를 순서대로 구워 내온다. 주방장이 직접 구워주기도 하고 테이블 위에 놓인 매우 고급스러운 미니 화로에 올려 구워주기도 한다. 제일 먼저 나온 건 와규 꼬리 소금구이. 꼬리곰탕만 먹어봤지 야키니쿠로 꼬리를 먹는 건 처음이다. 구울 때 소금을 쳐서 그냥 먹어도 아주 맛있었다. 젓가락으로 조심스레 맛을 보던 것도 잠시, 어느샌가 손으로 들고 뜯고 있다. 입에서 살살 녹는 것이 마치 솜사탕 같다. 한번 삶아 구운 것이라 특히 더 부드럽다.

　　　야키니쿠에는 다양한 부위가 나온다. 표면만 봐도 한눈에도 질 좋은 고기라는 것을 알 수 있다. 윤기가 차르르 흐르는 샤토브리앙부터 우설, 허벅지살, 안창살(내 추억의 단골집 '미키' 다음으로 맛있다)이 순서대로 나온다. 나름 양이 푸짐한데, 평범한 고급 야키니쿠집에 가면 한 부위만 족히 2만 엔은 나올 양이다. 이렇게 고급스럽고 비싼 집에서 가성비를 논한다는 것이 어불성설일지

모르지만, 고기의 질과 양을 보았을 때 가성비가 아주 높은 집이라는 것은 부인할 수 없다. 비싼데 전혀 비싸게 느껴지지 않는 느낌이랄까. 특히 가을이라고 안심 스테이크인 샤토브리앙 위에 트러플을 듬뿍 갈아 올려줄 때는 "미쳤다!"는 탄성만 나온다.

이후에는 야키니쿠의 변주가 나온다. 스키야키와 샤부샤부를 조합한 부챗살 스키샤부와 송이버섯을 샤부샤부로 해 밥 위에 올린 계란밥 요리, 일본식의 가볍고 담백한 꼬리곰탕에 면을 넣은 꼬리곰탕 라멘까지 와규로 할 수 있고 해보고 싶은 다양한 요리가 차례차례 나온다. 이 정도 되면 생각나는 것이 바로 술이다. 역시 맛있는 음식에는 맛있는 술을 빼놓을 수 없다. 슬슬 술 생각이 날 때쯤 주방장이 무언가를 내준다. 술이다. 오마카세란다. 나도 모르게 혀 차는 소리가 난다. 술도 오마카세라니. 이 근처로 이사라도 올까 싶은 고민이 잠깐 스친다.

고기뿐만 아니라 술 페어링도 공부한다는 주방장은 술도 그날의 고기 코스에 맞춰 오마카세로 내준단다. 오늘 나를 위한 술은 스모키한 위스키인 '탈리스커'라는 아이리시 위스키에 후추를 넣은 하이볼이다. 고기와 같이 먹으면 매우 잘 어울린다고 한다. 예상치도 못한 서프라이즈에 왠지 프러포즈라도 받은 기분이다. 여기서 더 했으면 눈물까지 흘렸을 것이다.

💼 **마츠다의 참견**

기분을 제대로 내고 싶다면 '플라밍고'라는 고구마 소주를 추천한다. 술에서 꽃향기가 난다.

부장님   "음…. (맛을 음미하며) 미치겠다, 진짜."

김 과장   "어떠십니까, 행복하십니까?"

부장님   "…죽을 것 같다, 야."

ひとめぼれしました。

히토메보레 시마시타

첫눈에 반해버린 맛.

미슐랭 1스타

일본 요리 나가오카 日本料理 ながおか

일본 요리 오마카세집에서
일본의 계절을 먹다.

나가오카 "못 먹는 음식은 없나요?"

부장님   "네, 없습니다."

나가오카 "오늘 즐겨주시길 바랍니다."

부장님   "보는 것만으로도 엄청 맛있게 느껴져요."

나가오카 "먹어보고 맛이 없으면 재미있겠네요."

일동   (웃음)

❖주요 메뉴

· お任せコース 오마카세 코스

아무것도 없는 여백에 고개를 숙인 벼 하나가 놓여 있다. '나가오카' 이야기다. 여백의 미를 노린 듯 단아하고 차분한 실내에 작은 벼 하나가 걸려 있다. 이곳의 상징이다. 미슐랭 1스타를 받을 만큼 화려한 실력을 자랑하는 나가오카 셰프의 요리를 한 단어로 표현하자면 역설적이게도 화려함과는 거리가 먼 '벼'다. 이곳 심벌이라 걸어놓은 것도 있지만, 익을수록 고개를 숙이는 벼처럼 자신도 겸허한 마음으로 요리하고자 걸어둔 것이라고 한다. 이것만 봐도 그가 만든 음식의 맛을 알 것만 같다. 이런 마음가짐과 정성으로 만든 음식이라면 아주 맛있을 수밖에 없다.

기본에 충실한 나가오카의 요리는 모두 밥에서 출발한다. 매일 바뀌는 오마카세의 출발도 갓 지은 밥이다. 카운터석에 앉아 요리를 기다리다 보면 나가오카 셰프가 요리하는 모든 과정을 볼 수 있어 시간 가는 줄 모른다. 재료를 준비하는 것부터 시작해 손질하고 요리하는 모습을 바로 앞에서 하나하나 볼 수 있다. 오늘의 메인 요리인 갯장어 손질부터 시작한 나가오카. 장어 손질조차 경외로울 정도로 아름다워 보이는 실력이다. 이렇게 직접 눈앞에서 볼 수 있다는 것이 기쁠 정도다. 역시 아무나 JR 프리미엄 기차에 벤또를 납품하는 것이 아니라는 사실을 새삼 깨닫는다.

코스는 밥으로 시작된다. 일반적으로 따뜻한 요리를 제일 처음 내는 듯하다. 구마모토 지역의 은행과 밤을 넣어 찹쌀로 지은 일본식 영양밥인

데, 해삼 난소를 곁들인다. 일단 향만으로도 군침이 확 돈다. 가을에 처음 나온 밤과 은행으로 만들어서 그런지 한 숟가락만 먹었는데도 가을 향이 입안에 가득 퍼지는 듯한 기분이다. 아주 소량이지만 이렇게 밥부터 내는 이유는 탄수화물로 속을 조금 달래고 나서 술을 마시라는 의미라고 한다.

이후에 나온 것은 감 요리다. 후쿠오카의 감으로, 남쪽의 쿠루메(久留米)가 산지인 감이라고 한다. 그 위에 데친 쑥갓을 올리고 쌀 튀김을 곁들였다. 쌀 튀김의 하얀 낱알은 먹을 수 있단다. 옛날에 많이 먹던 쌀 튀밥과 비슷하다. 쑥갓이 감의 풍미를 더 깊게 만들어준다. 한마디로 자연 그대로의 풍미를 최대한 살린 요리다.

감 다음으로는 데친 가지가 나왔다. 가지 위에 오리 로스를 올렸는데, '오란다니'란다. 오란다니가 무슨 뜻이냐고 물으니, 한번 튀긴 다음 삶은 것을 일컫는 요리 용어라고 한다. 나는 처음 들어본 말이다. 오사카에서도 쓰는 용어인지 물으니 오사카뿐만 아니라 일본 전국에서 공통적으로 쓰는 요리 용어라고 한다. 나름 음식에 일가견이 있다고 자부해왔는데 아직도 모르는 것이 많구나 싶어 남모를 학구열이 솟구쳤다. 하지만 그것도 잠시, 오리 로스 한 점을 입에 넣자마자 잡생각이 모두 날아가버렸다. 정말 맛있다. 오리와 가지의 식감부터 남다르다. 오란다니가 이렇게 맛있는 거라니 지금껏 모르고 살았던 것이 아까울 지경이다. 참고로 오란다니라는 용어

는 튀김 요리를 처음 만든 '유럽의 요리'라는 뜻으로 쓰이게 되었는데, 당시 일본은 유럽 하면 오란다(オランダ, 네덜란드)를 떠올리던 때였기에 자연스 레 오란다니로 불리게 된 것이라고 한다.

　　오란다니의 맛에 깊이 빠져 있을 때쯤 다음 요리가 나왔다. 오늘의 메 인인 갯장어 코스다. 갯장어 뼈로 만든 국물부터 갯장어 유비키가 차례로 나온다. 유비키를 테이블에서 바로 구워주는 것이 나름의 이색적인 볼거리 인데, 잘 구운 숯을 하나 골라 화로 위에 올리고 그 숯에 갯장어를 바로 올 려 굽는 방식이다. 보통은 숯 위에 판을 따로 놓는데, 이렇게 숯 위에 올려 바로 굽는 모습이 매우 자연적이면서도 이색적이다. 왠지 화롯불에 구워 먹 는 생선 구이 느낌이 들어 저절로 군침이 돈다. 잘 구워진 장어 한 점을 입 에 넣었다. 갯장어는 원래 굉장히 잔뼈가 많기로 유명한 놈인데, 먹는 내내 뼈가 전혀 느껴지지 않는다. 그만큼 일일이 칼집을 넣어 잔뼈를 제거했다 는 의미다. 어디까지 진심인지, 얼마나 더 정성을 들일 것인지 나도 모르게 혀를 찰 정도다.

🧳 **마츠다의 참견**

하이볼을 시킬 때 글라스 사이즈를 고르라고 한다. 보통 사이즈와 큰 사이즈가 있다.

부장님　　"니혼슈, 부탁해도 되겠습니까?"

나가오카　"그럼요. (직원에게) '다나카65'를 갖다주세요."

부장님　　"다나카65요?"

나가오카　"네. (심각한 표정으로) AKB48(일본의 유명 걸그룹) 같은…."

일동　　　(웃음)

나가오카　"(웃음) 쌀을 깎는 정도가 63도가 아닌 65도라서 붙은 이름입니다. 그래서 쌀을 별로 안 깎은 편에 속합니다."

　뒤이어 고등어부터 복어까지 다양한 사시미가 나오는데, 코스의 화룡점정은 그림같이 예쁘게 담긴 다양한 종류의 텐푸라다. 나가오카 셰프의 자칭 '매우 고저스한 요리'란다. 그도 그럴 것이 텐푸라를 가운데에 두고 주변에 벼와 밤, 단풍, 은행잎 등 가을을 상징하는 것들로 아주 아름답게 꾸몄다. 기막힐 정도로 아름다운 플레이팅이다. 익살스러운 표정으로 장난스럽게 웃는 나가오카를 경외심 가득한 표정으로 한참 바라본 후 조심스레 젓가락을 들었다. 텐푸라 중 잎새버섯 튀김은 심지어 자연산 버섯으로 만들었단다. 아키타(秋田) 지방이나 동북쪽에서 채취한 자연산이라는데, 잎새버섯에 자연산이 있다는 것을 맹세컨대 처음 알았다. 놀라움을 넘어 이런 좋은 것을 먹는다는 영광스러운 기분까지 느껴진다. 겉껍질만 깐 밤을 브랜디로 달게 만든 후 튀긴 텐푸라도 있다. 나가오카의 말이 맞았다.

아주 고저스한 텐푸라다.

　　정신을 차릴 수 없을 만큼 신나고 맛있는 가을밤의 연회는 운치 있
는 순무 국물 요리와 츠케모노를 곁들인 밥 한 그릇으로 따뜻하게 마무
리된다. 가을이라도 타는지 허하기만 하던 속이 군밤 향기 가득한 가을
정취로 가득 찼다. 잊고 있던 가을을 비로소 오랜만에 다시 만난 것 같
은 느낌이다. 오늘 맡은 가을 향은 아주 따뜻하고 포근했다.

부장님　"나가오카 상!"

나가오카　"네!"

부장님　"(약간 울먹이며) 진짜 맛있었어요…."

나가오카　"(웃음) 괜찮았나요?"

부장님　"네, 진짜 진짜 맛있었어요."

나가오카　"(웃음) 기쁘네요."

부장님　"이야…. 굉장히 즐거웠고 좋았습니다."

나가오카　"하카타에 또 와주세요."

부장님　"…눈물이 날 것만 같아."

나가오카　"(웃음) 건배!"

부장님　"건배!"

季節を食べる。

키세츠오 타베루

계절을 먹다.

해녀의 집, 이로리 조개 숯불구이

사토우미안 さとうみ庵

해녀들의 고향에서 정을 맛보다.

하야시 상 "한국에 계신 해녀분들, 코로나 때문에 오랫동안 못 만나고 있지만 저희는 건강히 잘 있습니다. 빨리 만나고 싶어요. (한국어로) 보고 싶어요."

❖**주요 메뉴**

· 基本コース 해녀가 직접 구워주는 해산물 코스
· 伊勢海老付プラン 이세에비 코스(가격별·시기별로 상이)

한번도 가본 적이 없는데도 늘 고향같이 아늑하고 정
겨운 곳이 있다. 바다다. 설령 처음 가보는 외국이라 할지라
도 언제나 바다는 온 마음으로 나를 맞는다. 그런 바다에 나
도 마음을 보이고 그간의 안부를 물으며 지나간 일을 흘려
보낸다.

　　일본 미에현에 시마(志摩)시라는 곳이 있다. 태평양을
접한 해안 도시로, 등대와 온천이 유명하다. 해녀 마을로도
유명한 이곳에서는, 해녀들이 몇 대째 바다로 잠수하여 해산
물을 채취해오고 있다. 그런 지역적 특색을 잘 살린 아주 특
별한 식당을 한 곳 소개하려 한다. 끝없이 펼쳐진 광활한 바
다를 배경으로 직접 잡아 온 조개를 해녀가 구워주는 이색적
인 곳이다. 보기만 해도 속이 뚫리는 시원한 바다를 배경으
로 해녀의 설명을 들으며 다양한 해산물을 구워 먹을 수 있는
목조 오두막집, 즉 코야를 체험할 수 있는 '사토우미안'이다.

　　'코야(小屋)'는 일본어로 오두막
이란 뜻으로, 해산물을 구워 먹을 수
있는 여러 채의 다양한 코야가 마련
돼 있다. 엄밀히 말하면 오두막보다
는 현대식으로 지은 목조건물에 더
가깝지만, 오두막이란 표현을 오랜만
에 들으니 왠지 조개 구이도 천연의
맛일 것 같아 더 기대하게 된다. 어떤
곳은 테이블로 되어 있고, 어떤 곳은 다리를 넣고 앉는 호리
고타츠(堀りごたつ) 좌식으로 되어 있다. 그중 오늘 우리가
신세 질 코야는 테이블도 호리고타츠도 아닌 일본의 전통 이
로리(囲炉裏, 일본식 화로)가 있는 코야다. 완전한 좌식이다.
오랜만에 보는 이로리에 아련히 떠오르는 옛 향수를 급히 누

르고 직원의 안내에 따라 자리에 앉았다. 앞에 펼쳐진 드넓은 바다에서 파도치는 소리가 여기까지 들려온다. 음식이 나오기도 전에 귀부터 즐겁다.

부장님 "하야시 상, 올해는 바다에 얼마나 들어갈 수 있었나요?"

하야시 상 "올해는 6개월 동안 24일 정도밖에 들어가지 못했습니다."

부장님 "그 정도밖에 못 들어가나요? 그게 평균인가요?"

하야시 상 "아뇨, 이번 해에는 특별히 비도 많이 왔고 파도도 높았던 데다 매주 화요일, 토요일은 휴일이기도 해서요."

부장님 "…24일?"

하야시 상 "(웃음) 24일."

부장님 "…힘든 직업이네요."

앞에 자리한 하야시 상은 벌써 51년째 해녀 일을 하고 있단다. 가족으로는 4대째 물일이라고 하니, 뜻밖의 곳에서 대가(大家)를 만난 기분이다. 나도 모르게 자세가 겸손해지는 걸 느끼며 그동안 해녀에 대해 궁금했던 것들, 이를테면 1년 중 언제 바다에 들어가는지 등을 차례차례 물었다. 참고로 지금 하야시 상이 손질하고 있는 '비단 부채 가리비'는 이곳에서 양식하는 것이라고 한다.

이곳을 사랑하지 않을 수 없는 가장 큰 이유는 진짜배기 해산물의 맛 때문일 것이다. 갖가지 해산물을 해녀가 직접 구워준다. 해산물 전문가가 팔을 걷어붙이고 구워주니 정신이 아득해질 정도로 맛있으리라는 건 먹어보지 않아도 알 만한 일. '더 맛있게 먹는 법' 같은 자세한 설명을 들으며 해산물 구이 오마카세를 즐긴다. 물론 여기서도 술이 빠질 수 없다. 오늘은 왠지 이곳에서만 즐길 수 있는 특별한 소주가 당긴다.

세 가지 술을 추천받았다. 모두 다 처음 들어보는 술로, '시슈 하야토(志州隼人)', '시마 무스메(志摩娘, 시마의 딸)', '미야노유키(宮の雪)'다. 모두 이 지역과 관련 깊은 술이라고 한다. 먼저, 직원의 강력한 추천을 받은 시슈 하야토는 '킨코'로 만든 고구마 소주로, 이 지역의 특산물이라고 한다. 내 '최애'인 고구마 소주 이야기가 나오니 침이 꿀꺽 삼켜진다. 킨코란, 해녀들이 바다에서 나온 후 출출할 때 먹던 건조 고구마란다. 또 다른 술은 '시마의 딸'이라는 니혼슈다. 이름 때문인지, 술병에 붙은 사진 속 모델이 실제 해녀란다. 참지 못하고 한 모금 맛을 본다. 카라구치(辛口, 매운맛이 강한 것)하다고 해서 조금은 강할 줄 알았는데 오히려 상쾌한 맛이다. 평소 카라구치를 즐기는 내 입맛에 딱 맞는 아주 맛있는 술이다. 마지막으로 추천받은, 미에현에서 굉장히 유명한 아마구치(甘口, 단맛이 강한 것) 술, 미야노유키까지 맛보기를 모두 끝내니 새삼 여기 오길 잘했다는 생각이 든다. 이 세 술을 알게 된 것만으로도 여기에 온 보람이 느껴진다. 무슨 술부터 마실까 하는 진지한 고민에 빠져들려는 찰나, 어느새 구워진 해산물이 접시 위에 차례차례 놓인다.

첫 주자는 가리비와 조개다. 따로 양념을 하지 않았는데도 입에 넣자마자 살살 녹는다. 딱히 뭘 찍어 먹지 않아도 맛있다. 특히 가장 기대했던 히오기가이(ヒオギガイ, 가리비의 한 종류)는 역시 최고다. 왜 그렇게 유명한지 단박에 이

해가 가는 맛이다. 다른 조개보다 유독 단맛이 더 강한데, 미에현 사람들이 자주 먹는 조개라고 한다. 뒤이어 나온 소라는 조금 운치 있게 표현하자면, 바다를 안고 있는 맛이다. 소금도 간장도 뿌리지 않았는데 짭조름한 것이 술안주로 제격이다. 다음으로 접시에 올려진 쫄깃쫄깃한 오징어 구이까지 쉬지 않고 먹다 보니 슬슬 배가 불러온다. 이제 거의 끝났겠거니 하고 화로를 보는데 아직도 해산물이 끝없이 올라간다. 그중 가장 눈에 띄는 것은 육지에서는 좀처럼 보기 힘든 커다란 전복이다. 원래 해녀들이 잡을 수 있는 크기가 10.6cm부터라고 한다. 그래도 그렇지 이건 커도 너무 크다. 하야시 상에게 물어보니 이 정도 크기면 4~5년 정도는 된 놈이란다. 그러면서 언뜻 봐도 6~7년은 돼 보이는 더 큰 전복을 아무렇지 않게 화로에 올리니 그저 웃음만 나올 뿐이다. 군침이 마구 도는 것을 참을 길이 없다.

처음 용궁을 찾은 철부지 토끼처럼 정신없이 즐기던 오늘의 만찬은 이세에비(伊勢エビ)와 말린 생선 구이로 마무리되었다. 이세에비는 간혹 랍스터랑 비슷한 친척이라고 오해를 받는데 둘은 엄연히 다르다. 랍스터는 가재고 이세에비는 새우다. 단지 가재만큼 큰 새우일 뿐. 랍스터와는 비교할 수 없는 고급 요리로 가격도 두 배라고 한다. 그렇지 않아도 너무 맛있는데 그런 설명까지 들으니 그냥 '맛있다'는 표현은 너무 단순할까 싶어 할 수가 없다. 어떤 미사여구가 맞을까 고민하며 테이블에 놓인 미니 가마솥에서 밥을 양껏 푼다. 김이 모락모락 난다. 배는 부르지만 생선 구이에는 역시 밥이 필요하다. 왕도 부럽지 않은 진수성찬을 이렇다 할 표현도 하지 못한 채 맛볼 뿐이다.

📋 **마츠다의 참견**

오징어 구이는 그냥 먹어도 맛있지만, 마요네즈와 간장, 시치미를 한데 섞어 찍어서 먹으면 더욱 맛있게 먹을 수 있다. 나만의 비법이다.

お元気ですか。

오겡키데스카

문득 그리워지는 그곳의 바다.

· 정보에 기재된 공휴일은 모두 일본 공휴일 기준입니다.

· 각 가게의 휴무일 및 영업시간은 가게 사정에 따라 수시로 변동될 수 있습니다. 반드시 방문 전에 영업 유무를 확인하시기를 바랍니다.

· 현지 사정에 따라 근처 지하철역 및 가는 길 정보가 달라질 수 있습니다.

· 완전 예약제 식당의 경우, 반드시 사전에 예약해야만 입장할 수 있습니다. 예약하지 않고 방문했을 경우 식사할 수 없거나 휴무일 수 있습니다.

· 모든 정보의 내용은 2024년 3월을 기준으로 한 것입니다. 이후 현지 및 가게 사정으로 세부 정보가 달라질 수 있습니다.

· 구글 지도 코드는 오사카 현지에서만 사용 가능한 코드입니다. 국내에서 코드로 검색할 경우 해당 점포가 검색되지 않을 수 있습니다.

INFO
INDEX

요코즈나 츠우텐가쿠점 橫綱 P. 026

¶ **주소** 3-chome-6-1 Ebisuhigashi, Naniwa Ward, Osaka, 556-0002

¶ **근처 지하철역** 지하철 미도스지선 도부츠엔마에 역 5번 출구에서 도보 3분/JR 신이마미야 역 동쪽 출구에서 도보 3분

¶ **연락처** 06-6630-8440

¶ **휴무일** 연중무휴

(방문 전에 영업 유무를 확인하시기를 권장합니다)

¶ **영업시간** 24시간

¶ **카드** 가능

¶ **구글 지도 코드** MG24+C7

¶ **홈페이지** www.4527.jp

('오사카에 사는 사람들 TV'의 유튜브 채널에 업로드된 영상은 요코즈나의 체인점으로, 위 정보는 츠우텐가쿠(通天閣)점의 정보입니다. 점포에 따라 휴무나 카드 가능 여부가 달라질 수 있습니다.)

※ 본문 일본어 해석: 첫 잔은 생맥주.

후구쿠지라 ふぐくじら P. 036

¶ **주소** 1-chome-5-18 Sennichimae, Chuo Ward, Osaka, 542-0074

¶ **근처 지하철역** 지하철 센니치마에선·사카이스지선 닛폰바시 역 2번 출구에서 도보 3분/킨테츠 닛폰바시 역 B28 출구에서 도보 3분

¶ **연락처** 050-5488-8800

¶ **휴무일** 연중무휴

(방문 전에 영업 유무를 확인하시기를 권장합니다)

¶ **영업시간** 월~토요일 16:00~다음 날 01:00, 일요일·공휴일 16:00~23:00

¶ **카드** 가능

¶ **구글 지도 코드** MG93+5V

¶ **홈페이지** fugukuzira.gorp.jp

※ 본문 일본어 해석: 백문이 불여일견.

일석오조 一石五鳥 _____ **P. 058**

¶ **주소** 1-chome-22-38 Edobori, Nishi Ward, Osaka, 550-0002
¶ **근처 지하철역** 지하철 요츠바시선 히고바시 역 8번 출구에서 도보 3분
¶ **연락처** 050-5594-2372
¶ **휴무일** 일요일, 공휴일
(방문 전에 영업 유무를 확인하시기를 권장합니다)
¶ **영업시간** 17:00~23:00
¶ **카드** 가능
¶ **구글 지도 코드** MFQV+PJ
¶ **홈페이지** issekigocho.biz/shop

※ 본문 일본어 해석: 술은 노래를 낚는 침.

키친 바 시키 Kitchen Bar Shiki _____ **P. 070**

¶ **주소** 1-28 Ikutamamaemachi, Tennoji Ward, Osaka, 543-0072
¶ **근처 지하철역** 지하철 타니마치선 타니마치큐쵸메 역 5번 출구에서 도보 1분
¶ **연락처** 06-4305-3332
¶ **휴무일** 연중무휴
(방문 전에 영업 유무를 확인하시기를 권장합니다)
¶ **영업시간** 18:00~다음 날 05:00
¶ **카드** 가능
¶ **구글 지도 코드** MG88+GG
¶ **홈페이지** kitchen-bar-shiki.jp

※ 본문 일본어 해석: 진토닉, 온더록으로.

바 바타2 Bar BATA2 _____ P. 080

¶ **주소** 1-25 Ikutamamaemachi, Tennoji Ward, Osaka, 543-0072
¶ **근처 지하철역** 지하철 타니마치선 타니마치큐쵸메 역 5번 출구에서 도보 1분
¶ **연락처** 06-6772-8694
¶ **휴무일** 둘째·넷째 주 일요일
(방문 전에 영업 유무를 확인하시기를 권장합니다)
¶ **영업시간** 17:00~다음 날 03:00
¶ **카드** AMEX, JCB만 가능
(일반 비자나 마스터 카드는 사용할 수 없습니다)
¶ **구글 지도 코드** MG88+GC
¶ **홈페이지** www.team-tani9.com/bata2

※ 본문 일본어 해석: 괜찮습니다.

나미헤이 波平 _____ P. 090

¶ **주소** 1-chome-23-13 Edobori, Nishi Ward, Osaka, 550-0002
¶ **근처 지하철역** 지하철 요츠바시선 히고바시 역 8번 출구에서 도보 3분
¶ **연락처** 06-6448-0299
¶ **휴무일** 일요일(정기 휴무), 부정기
(방문 전에 영업 유무를 확인하시기를 권장합니다)
¶ **영업시간** 런치 11:30~14:00, 디너 17:00~23:00
¶ **카드** AMEX만 가능
¶ **구글 지도 코드** MFQV+RG
¶ **인스타그램** @namiheihigobashi

※ 본문 일본어 해석: 2차 갑시다.

스미야 코바코 炭屋 こばこ _____ P. 100

¶**주소** 2-chome-4-10 Nipponbashi, Chuo Ward, Osaka, 542-0073
¶**근처 지하철역** 지하철 센니치마에선 닛폰바시 역 10번 출구에서 도보 3분
¶**연락처** 06-6636-1139
¶**휴무일** 부정기
(방문 전에 영업 유무를 확인하시기를 권장합니다)
¶**영업시간** 17:00~24:00(재료 소진 시까지)
¶**카드** 가능
¶**구글 지도 코드** MG74+VG
¶**인스타그램** @sumiyakobako
(실내 흡연이 가능한 곳으로 미성년자는 입장할 수 없습니다)

※ 본문 일본어 해석: 닭의 볏이 될 망정 소꼬리는 되지 마라.

후사야 본점 冨紗家 本店 _____ P. 110

¶**주소** 6-chome-14-19 Tanimachi, Chuo Ward, Osaka, 542-0012
(카라호리 상점가(空堀商店街/Karahori Shopping Street) 안에 있습니다)
¶**근처 지하철역** 지하철 타니마치선 타니마치로쿠쵸메 역 4번 출구에서 도보 5분/지하철 나가호리츠루미
료쿠치선 마츠야마치 역 3번 출구에서 도보 5분
¶**연락처** 06-6762-3220, 050-5484-4490
¶**휴무일** 월요일
(월요일이 공휴일인 경우, 화요일에 쉽니다. 이 외에 여름 휴가가 있습니다(일본 오봉야스미).)
¶**영업 시간** 화~금요일 17:00~24:00, 토·일요일·공휴일 12:00~24:00
¶**카드** 가능
¶**구글 지도 코드** MGF7+GH
¶**홈페이지** fusaya.gorp.jp

※ 본문 일본어 해석: 이것을 먹지 않고 죽지 마라.

카라카라테이 からから亭 _____ **P. 118**

¶ **주소** 4-chome-6-17 Namba, Chuo Ward, Osaka, 542-0076
¶ **근처 지하철역** 킨테츠선 난바 역 21번 출구에서 도보 1분
¶ **연락처** 06-6645-0129
¶ **휴무일** 연중무휴
(방문 전에 영업 유무를 확인하시기를 권장합니다)
¶ **영업시간** 17:00~다음 날 01:00
¶ **카드** 불가
¶ **구글 지도 코드** MF8X+JP
¶ **홈페이지** karakaratei.co.jp

※ 본문 일본어 해석: 별이 정말로 아름답지 않습니까?

칸유 밋쨩 韓湯 みっちゃん _____ **P. 128**

¶ **주소** 4-chome-3-13 Namba, Chuo Ward, Osaka, 542-0076
¶ **근처 지하철역** 지하철 미도스지선 난바 역 8번 출구에서 도보 3분
¶ **연락처** 06-6536-8972
¶ **휴무일** 일요일(부정기)
(방문 전에 영업 유무를 확인하시기를 권장합니다)
¶ **영업시간** 런치 11:30~15:00, 디너 17:00~23:00(목요일은 11:30~15:00만 영업)
¶ **카드** 불가
¶ **구글 지도 코드** MF8X+7Q
¶ **인스타그램** @kanyu_micchan

※ 본문 일본어 해석: 술은 마음의 근원.

야키니쿠 호르몬 만센 焼肉ホルモン 万千 　　　　　　　　　　　　　　 P. 138

¶ **주소** 2-chome-13-9 Shimanouchi, Chuo Ward, Osaka, 542-0082
¶ **근처 지하철역** 지하철 사카이스지선·나가호리츠루미료쿠치선 나가호리바시 역 6번 출구에서 도보 5분
¶ **연락처** 06-6213-3088
¶ **휴무일** 월요일, 둘째·넷째 주 화요일
(방문 전에 영업 유무를 확인하시기를 권장합니다)
¶ **영업시간** 18:00~다음 날 01:00
¶ **카드** 불가
¶ **구글 지도 코드** MGC4+FV
¶ **인스타그램** @yakinikumansen

※ 본문 일본어 해석: 만월의 밤.

스사비유 すさび湯 　　　　　　　　　　　　　　 P. 148

¶ **주소** 5-5 Komatsubaracho, Kita Ward, Osaka, 530-0018
¶ **근처 지하철역** 지하철 각선 우메다 역 6번 출구에서 도보 5분
(가장 가까운 출구는 M1 출구지만, 지하도를 통해서 나오려고 하면 더 어려울 수 있습니다. 우메다 돈키호테 영
쪽에 있는 '히가시도리(東通り)'라는 곳에서 멀지 않습니다. 우메다 돈키호테를 기준으로 찾는 게 좀 더 편하지
않을까 싶습니다.)
¶ **연락처** 06-6131-2445
¶ **휴무일** 연중무휴
(방문 전에 영업 유무를 확인하시기를 권장합니다)
¶ **영업시간** 11:30~23:00
¶ **카드** 가능
¶ **구글 지도 코드** PG32+7J
¶ **인스타그램** @susabiyu

※ 본문 일본어 해석: 썩어도 도미.

신후카에 구리 新深江 礁 P. 158

¶ **주소** 1-chome-12-9 Fukaeminami, Higashinari Ward, Osaka, 537-0002

¶ **근처 지하철역** 지하철 센니치마에선 신후카에 역 4번 출구에서 도보 5분

¶ **연락처** 06-6748-0683

¶ **휴무일** 수요일

(방문 전에 영업 유무를 확인하시기를 권장합니다)

¶ **영업시간** 17:00~23:00

¶ **카드** 가능

¶ **구글 지도 코드** MH94+QP

¶ **홈페이지** www.guri.fish

※ 본문 일본어 해석: 도미도 혼자 먹으면 맛이 없다.

겐키 げん気 P. 168

¶ **주소** 2-chome-4-3 Shibata, Kita Ward, Osaka, 530-0012

¶ **근처 지하철역** 한큐선 오사카 우메다 역 5번 출구에서 도보 3분

(가장 가까운 역은 한큐선 오사카 우메다 역이지만, JR 오사카 역, 지하철 우메다 역에서도 도보 7분 이내로 갈 수 있습니다. 그란프론트 오사카(グランフロント大阪)에서 가까운 곳이라 이 부분을 참고해서 가는 것도 좋을 것 같습니다.)

¶ **연락처** 06-6376-3903

¶ **휴무일** 공휴일

(방문 전에 영업 유무를 확인하시기를 권장합니다)

¶ **영업시간** 월~토요일 17:30~23:00, 일요일 11:30~17:00

¶ **카드** 가능

¶ **구글 지도 코드** PF4W+85

¶ **홈페이지** 없음

※ 본문 일본어 해석: 선반에서 떨어진 떡(굴러 들어온 호박).

후게츠 風月 _____ **P. 178**

¶ **주소** 2-chome-5-24 Tsuruhashi, Ikuno Ward, Osaka, 544-0031
¶ **근처 지하철역** JR 츠루하시 역 동쪽 출구에서 도보 5분
¶ **연락처** 06-6716-5646
¶ **휴무일** 목요일
(방문 전에 영업 유무를 확인하시기를 권장합니다)
¶ **영업시간** 11:30~22:00
¶ **카드** 불가
¶ **구글 지도 코드** MG7M+X7
¶ **홈페이지** 없음

※ 본문 일본어 해석: 지금 가고 있습니다.

돈가메 오사카 제2빌딩 우메다점 どんがめ _____ **P. 188**

¶ **주소** B1F, OsakaEkimae 2nd Building, 1-chome-2-2 Umeda, Kita Ward, Osaka, 530-0001
¶ **근처 지하철역** JR 도자이선 기타신치 역에서 도보 1분/지하철 요츠바시선 니시우메다 역에서 도보 5분
(오사카 제2빌딩은 가는 방법이 살짝 복잡합니다. JR 오사카 역 1층 다이마루 우메다점 쪽에 있는 출구로 나와서 이동하는 게 가장 편하지 않을까 싶습니다.)
¶ **연락처** 06-6341-3155
¶ **휴무일** 연말연시(1/1~3)
(기본 연말연시만 쉬는데, 쉬는 날짜는 변경될 수 있습니다. 방문 전에 영업 유무를 확인하시기를 권장합니다.)
¶ **영업시간** 11:24~23:31
¶ **카드** 가능
¶ **구글 지도 코드** MFXX+C6
¶ **인스타그램** @dongame_osaka_eki.bld2

※ 본문 일본어 해석: 오늘은 날이 맑네요!

타코야키 우마이야 たこ焼き うまい屋   P. 201

¶ **주소** 4-21 Naniwacho, Kita Ward, Osaka, 530-0022
¶ **근처 지하철역** 지하철 사카이스지선·타니마치선 텐진바시로쿠쵸메 역 13번 출구에서 도보 4분/JR 텐마 역에서 도보 5분
(텐고나카자키도리 상점가(天五中崎通商店街)에 있습니다)
¶ **연락처** 06-6373-2929
¶ **휴무일** 화요일
(화요일이 공휴일일 경우 영업합니다. 방문 전에 영업 유무를 확인하시기를 권장합니다.)
¶ **영업시간** 11:30~19:00(재료 소진 시까지)
¶ **카드** 불가
¶ **구글 지도 코드** PG56+25
¶ **홈페이지** 없음

※ 본문 일본어 해석: 아주아주 오래된 친구.

쇼쿠도 오가와 食堂おがわ   P. 208

¶ **주소** 204 Sendocho, Shimogyo Ward, Kyoto, 600-8019
¶ **근처 지하철역** 한큐선 교토가와라마치 역 1B 출구에서 도보 5분
¶ **연락처** 075-351-6833
¶ **휴무일** 월요일
(방문 전에 영업 유무를 확인하시기를 권장합니다)
¶ **영업시간** 16:30~23:00(완전 예약제)
¶ **카드** 불가
¶ **구글 지도 코드** 2Q39+3X
¶ **인스타그램** @shokudou_ogawa
(일본어가 능숙하지 않다면 예약하기 어려울 수 있으나, 평점이 매우 높고 여러 상을 수상한 곳으로 일본어가 가 능하거나 지인의 도움을 받을 수 있다면 예약 등의룩 해보시는 것도 좋지 않을까 싶습니다.)

※ 본문 일본어 해석: 낙숫물이 돌을 뚫는다.

이코마 伊駒 P. 218

¶ **주소** 3F, 1-chome-13-1 Motomachi, Ikoma, Nara 630-0257
¶ **근처 지하철역** 킨테츠선 이코마 역 남쪽 출구에서 도보 2분
(계단을 이용해서 남측(南側)을 통해 나가는 게 가장 빠릅니다. 역이 작지만 처음 가보는 분들은 조금 복잡하
다고 생각하실 수 있습니다.)
¶ **연락처** 050-5485-7034
¶ **휴무일** 셋째 주 목요일
(방문 전에 영업 유무를 확인하시기를 권장합니다)
¶ **영업시간** 런치 11:30~15:00, 디너 17:00~21:00
¶ **카드** 가능
¶ **구글 지도 코드** MMVW+3C
¶ **인스타그램** @ikoma_in_ikoma

※ 본문 일본어 해석: 국물 많이.

와쇼쿠 이치죠 和食 一条 P. 228

¶ **주소** 15 Higashimuki Nakamachi, Nara, 630-8216
¶ **근처 지하철역** 킨테츠선 나라 역 2번 출구에서 도보 2분
¶ **연락처** 문의 전용 번호 0742-22-6226, 예약 전용 번호 050-5340-6719
¶ **휴무일** 연중무휴
(방문 전에 영업 유무를 확인하시기를 권장합니다)
¶ **영업시간** 런치 11:00~14:30, 디너 17:00~23:30
¶ **카드** 가능
¶ **구글 지도 코드** MRMH+7G
¶ **홈페이지** 없음

※ 본문 일본어 해석: 한 그릇 더.

에도가와 나라마치점 江戸川 _____ P. 238

¶**주소** 43 Shimomikadocho, Nara, 630-8365
¶**근처 지하철역** 킨테츠선 나라 역 4번 출구에서 도보 10분
¶**연락처** 0742-20-4400
¶**휴무일** 셋째 주 목요일
(방문 전에 영업 유무를 확인하시기를 권장합니다)
¶**영업시간** 런치 11:00~15:00, 디너 17:00~21:00
¶**카드** 가능
¶**구글 지도 코드** MRHH+CJ
¶**홈페이지** unagi-edogawa.com
(에도가와는 체인점으로 우메다, 난바, 텐노지 등에도 점포가 있습니다. 나라까지 오기 힘들다면 오사카 번화가에서도 우나기를 즐기실 수 있습니다. 다만, 메뉴는 조금씩 다를 수 있습니다.)

※ 본문 일본어 해석: 매실장아찌와 친구는 오래될수록 좋다.

와키히코 쇼텐 脇彦商店 _____ P. 250

¶**주소** 2-chome-10-22 Fukushima, Fukushima Ward, Osaka, 553-0003
¶**근처 지하철역** JR 후쿠시마 역에서 도보 5분
(JR 도자이선 신후쿠시마/한신 후쿠시마선이 더 가깝지만, 여행자분들이 제일 많이 이용하는 게 일반 JR 간조선이라 그 역을 기준으로 했습니다.)
¶**연락처** 06-6940-6126
¶**휴무일** 연중무휴
(시간대별 회전제로 운영하지만 비회원도 예약 가능합니다)
¶**영업시간** 월~금요일 17:00~23:00, 토·일요일·공휴일 16:00~22:30
¶**카드** 가능
¶**구글 지도 코드** MFVP+XH
¶**홈페이지** restaurant-53223.business.site **인스타그램** @sandaime_wakihiko_shouten

※ 본문 일본어 해석: 이 세상에서 가장 소중한 건 추억이 아닐까.

아지사이 味菜 P. 262

¶ **주소** 11-2 Higashikozucho, Tennoji Ward, Osaka, 543-0021
¶ **근처 지하철역** 킨테츠 오사카 우에혼마치 역 11번 출구에서 도보 4분/지하철 타니마치선 타니마치큐초메 역 7번 출구에서 도보 6분
¶ **연락처** 06-6762-7388
¶ **휴무일** 월요일
(방문 전에 영업 유무를 확인하시기를 권장합니다)
¶ **영업시간** 17:30~22:30
¶ **카드** 가능
¶ **구글 지도 코드** MG8F+G8
¶ **홈페이지** 없음

※ 본문 일본어 해석: 술은 백약의 으뜸.

하쿠라쿠 百楽 P. 272

¶ **주소** 8F, Nara Kintetsu Building, 28 Higashimuki Nakamachi, Nara, 630-8215
¶ **근처 지하철역** 킨테츠 나라 역에서 도보 1분
¶ **연락처** 0742-24-2771
¶ **휴무일** 부정기
(방문 전에 영업 유무를 확인하시기를 권장합니다)
¶ **영업시간** 런치 11:30~15:30, 디너 17:00~21:00
¶ **카드** 가능
¶ **구글 지도 코드** MRMH+M7
¶ **홈페이지** hyakuraku.com
(하쿠라쿠는 체인점으로 홈페이지에 들어가면 다른 점포들의 위치도 보실 수 있습니다. 나라까지 가기 부담스럽다면, 홈페이지 위치 참고해 오사카 시내에 있는 하쿠라쿠에 가시는 것도 하나의 방법입니다. 물론 메뉴와 영업시간은 조금씩 다를 수 있습니다.)

※ 본문 일본어 해석: 지금부터도 잘 부탁드립니다.

슈보 쿠라노마 酒房 蔵乃間   P. 284

¶ **주소** 43 Shimomikadocho, Nara, 630-8365
¶ **근처 지하철역** 킨테츠 나라 역에서 도보 8분
¶ **연락처** 050-5482-4128
(에도가와란 곳과 공통으로 사용하는 번호입니다. 예약 시 반드시 '쿠라노마 예약을 희망한다'라고 전달하셔야 합니다.)
¶ **휴무일** 연중무휴
(방문 전에 영업 유무를 확인하시기를 권장합니다)
¶ **영업시간** 평일 17:00~19:00 방문만 가능, 토·일요일·공휴일 2부제 17:00 혹은 19:30 방문만 가능
¶ **카드** 불가
(한정적인 카드만 가능해 불가에 가깝습니다)
¶ **구글 지도 코드** MRHH+GJ
¶ **홈페이지** unagi-edogawa.com/kuranoma
(1일 2팀 혹은 최대 8명만 한정으로 받아 영업하는 곳입니다. 예약 없이 찾아가신다면 그날의 상황에 따라 식사할 수 없을 수도 있습니다.)

※ 본문 일본어 해석: 잘 먹었습니다.

하쿠라쿠소 百楽荘   P. 294

¶ **주소** 3-chome-1-3 Hyakurakuen, Nara, 631-0024
¶ **근처 지하철역** 킨테츠 도미오 역에서 도보 5분
¶ **연락처** 0742-45-0281
¶ **휴무일** 수요일, 12/31
(수요일이 공휴일인 경우, 수요일은 영업하고 다음 날인 목요일이 휴무입니다. 방문 전에 영업 유무를 확인하시기를 권장합니다.)
¶ **영업시간** 평일 한정 런치 메뉴 11:30~15:00(입점 13:00까지)/카이세키 요리 런치 11:30~15:00(입점 13:00까지), 디너 17:00~22:00(입점 19:00까지)
(모든 식사는 완전 예약제입니다. 이용 2일 전까지 예약하셔야 합니다)
¶ **카드** 가능
¶ **구글 지도 코드** MPWQ+CG
¶ **홈페이지** hyakurakuso.com

※ 본문 일본어 해석: 밤은 짧아. 걸어요, 마츠다 씨!

슌사이도코로 하타세 旬菜処 畑瀬 P. 308

¶ **주소** 2-chome-3-31 Yakuin, Chuo Ward, Fukuoka 810-0022
¶ **근처 지하철역** 후쿠오카시영 지하철 나나쿠마선 야쿠인오오도리 역 1번 출구에서 도보 4분
¶ **연락처** 092-714-3385
¶ **휴무일** 일요일, 공휴일(일본 기준)
(방문 전에 영업 유무를 확인하시기를 권장합니다.)
¶ **영업시간** 17:30~22:00(완전 예약제)
¶ **카드** 가능
¶ **구글 지도 코드** H9JW+Q9
¶ **인스타그램** 없음

※ 본문 일본어 해석: 오랜만에 힘이 납니다.

니시무라 멘 ニシムラ 麺 P. 318

¶ **주소** 2-chome-5-29 Heiwa, Minami Ward, Fukuoka, 815-0071
¶ **근처 지하철역** 텐진오무타선 니시테츠 히라오 역에서 도보 15분/니시테츠 버스 산소도리 정류장에서 도보 5분
¶ **연락처** 090-4346-3153/050-5456-9077
¶ **휴무일** 목·금요일
(방문 전에 영업 유무를 확인하시기를 권장합니다)
¶ **영업시간** 11:30~14:00
¶ **카드** 가능
¶ **구글 지도 코드** HCC2+46
¶ **홈페이지** nishimura-takahito.com/nishimura **인스타그램** @nishimura.men
(예약은 받지 않는 곳입니다)

※ 본문 일본어 해석: 이상한 나라의 마츠다 씨.

유키 游來 P. 328

¶**주소** 5-6 Nishinakasu, Chuo Ward, Fukuoka, 810-0002

¶**근처 지하철역** 지하철 나나쿠마선 텐진미나미 역에서 도보 5분

¶**연락처** 092-731-2968

¶**휴무일** 일요일

(방문 전에 영업 유무를 확인하시기를 권장합니다)

¶**영업시간** 17:00~24:00(완전 예약제)

¶**카드** 가능

¶**구글 지도 코드** HCR4+C4

¶**홈페이지** nishinakasu-yuki.com

※ 본문 일본어 해석: 첫눈에 반했습니다.

일본 요리 나가오카 日本料理 ながおか P. 338

¶**주소** #103 Lane Square Building, 3-20 Nishinakasu, Chuo Ward, Fukuoka 810-0002

¶**근처 지하철역** 지하철 나나쿠마선 텐진미나미 역에서 도보 5분

¶**연락처** 092-406-9181

¶**휴무일** 일요일(공휴일은 상황에 따라 다름)

(방문 전에 영업 유무를 확인하시기를 권장합니다)

¶**영업시간** 18:00~23:00(라스트 오더는 20:30, 완전 예약제)

(라스트 오더 시간이 좀 빠릅니다. 라스트 오더는 20시 30분입니다. 모든 식사는 완전 예약제입니다.)

¶**카드** 가능

¶**구글 지도 코드** HCR4+96

¶**홈페이지** shu-nagaoka.fukuoka.jp

(전화로 예약 및 문의를 하실 경우에는 영업시간 외 시간에 해야 합니다. 메일 문의는 info@shu-nagaoka.fukuoka.jp입니다.)

※ 본문 일본어 해석: 계절을 먹다.

¶ **주소** 2279 Shimacho Koshika, Shima, Mie 517-0704

¶ **근처 지하철역** 킨테츠 시마선 우가타 역 하차 후 '고자항'행 버스를 타고 '아즈리하마' 정류장 하차, 도보 약 3분

¶ **연락처** 0599-85-1212

¶ **휴무일** 연말연시(12/30~1/1)

(임시 휴업이 있고, 그 경우 안내한다고 합니다. 연말연시 휴무는 홈페이지 내 'Facility'에서 확인하시는 게 좋을 듯 싶습니다. 방문 전에 영업 유무를 확인하시기를 권장합니다.)

¶ **영업시간** 11:00~20:30(마지막 식사 19:00에 시작, 완전 예약제)

¶ **카드** 가능

¶ **구글 지도 코드** 7Q6J+V9

¶ **홈페이지** satoumian.com **인스타그램** @amahut_satoumian

(모든 식사는 완전 예약제입니다. 이틀 그믐 전까지 예약하셔야 합니다. 당일 예약은 직접 전화해 문의하셔야 합니다.)

※ 본문 일본어 해석: 잘 지내십니까.

오사사를 만드는 사람들

· 하는 일 : 평화 유지

카메라를 들고 오사카의 다채로운 모습을 담아내는 동시에 음악과 편집을 통해 감정과 이야기를 엮어내는 헝그리 정신의 예술가.

· 특이 사항 : 운명론자

"우린 처음부터 만날 운명이었던 거야." 필연적 법칙에 따라 544팀의 만남이 이루어졌다고 말합니다. 하지만 그는 크리스천입니다. 아멘.

"잠시 일상을 떠나온 이들의 여정이 544의 영상으로 더욱 즐거워지고 풍요로워지길 바랍니다."

나 피디, 승철

오사카를 품은
영상 스토리텔러 또는
만능 엔터테이너

· 하는 일 : 공감

오사카의 생동감과 현장감을 카메라에 섬세하게 담아내고 편집으로 시각 효과를 더해 즐거움을 모두 함께 느낄 수 있도록 노력하는 마술사.

· 특이 사항 : 걸어 다니는 종합병원

주로 목과 허리가 아픕니다. 본인은 운동도 하고 건강하다고 주장하지만 아무도 믿지 않습니다.

"현장의 감동과 행복한 감정을 영상으로 표현해 시청하는 모든 이가 그 순간만큼은 마치 우리와 함께하는 듯한 멋진 경험을 했으면 좋겠습니다."

서 피디, 동호

감정의 연결 고리 또는
영상의 마술사

· 하는 일 : 팔방미인

오사카의 숨겨진 다양한 매력과 먹거리, 즐길 거리를 찾아 사람들과 나누며 그들의 여정을 풍요롭게 만드는, 여행을 사랑하는 프로 여행자.

· 특이 사항 : 544의 어머니

집에서 무슨 일만 있으면 엄마를 찾듯 하루에 100번도 넘게 그녀를 찾습니다. 다행히 아직 밥을 달라는 사람은 없습니다.

"오사카의 문화, 음식, 사람 등에 깊은 애정을 가지고 만들어내는 작품을 통해 더 많은 사람들이 오사카를 사랑했으면 해요."

최 실장, 현주

일본의 매력 발굴자 또는
프로 계획러

· 하는 일 : 묵언수행

평범한 하루 중 조금은 특별한 오사카를 발견하기 위해 늘 고민하고 새로운 것을 찾아 헤매는 의지의 탐험가.

· 특이 사항 : 인간 로봇

2m에 달하는 장신으로 부사관 출신답게 강한 정신력과 뛰어난 기획력, 탁월한 문제 해결 능력까지 겸비했다. 하지만 그는 "괜.찮.아? 많.이.아.프.니? 삐빅" … 로봇이었다.

"인간 로봇이지만 544에 꿈과 열정을 불어넣어 더 많은 구독자분들과 소통하길 바랍니다."

김 과장, 지원

해결사 또는
544팀의 핵심

· 하는 일 : 박장대소
현장 섭외와 현지인과의 섬세한 소통을 통해 좀 더 다채로운 경험을 제공하기 위해 힘쓰는 조율자.

· 특이 사항 : 인간 레이더
어디선가 누군가에게 무슨 일이 생기면 나타나서 도와줍니다. 누구든지 돕는 것을 좋아하지만, 돈은 안 줍니다.

"각각의 만남을 통해 얻는 새로운 발견으로 여행자분들에게 특별한 순간을 선사하고자 합니다."

유나

현장의 다리 또는
오사카의 조율자

· 하는 일 : 티키타카
언제나 활기찬 분위기를 선사하기 위해 노력하는 오사카의 활력자.

· 특이 사항 : 효자손
담비와의 여행은 언제나 행복과 웃음으로 가득해요. 그러나 정작 필요할 때는 없습니다.

"오사카의 매력적인 먹거리와 재미있는 명소를 통해 모든 이가 함께 즐길 수 있는 경험을 만들고 싶습니다."

담비

오사카의 활력소 또는
분위기 메이커

한국과 일본의 문화를 연결하고 이해를 돕는 다리가 되고자
열정과 의지를 가지고 새로운 도전에 매진하는 도전가들.
한국과 일본, 그리고 다양한 문화적 배경을 바탕으로 얻은
지식과 철학, 경험을 공유하며 모두와 함께
성장해나가기를 바란다.

마츠다 리스트